平凡社新書
986

明治神宮 内と外から見た百年

鎮守の森を訪れた外国人たち

今泉宜子
IMAIZUMI YOSHIKO

HEIBONSHA

明治神宮　内と外から見た百年●目次

第三章 スポーツの戦後と外苑の行方——占領者たち

第四章 絵画館にみる美術と戦争——続・占領者たち

第五章 祖国への眼差し――日系移民たち……215

凡例

本文中に引用している資料に関しては、以下の通りとした。

・原則として、旧字体の漢字は新字体とし、カタカナはひらがなに改めた。

・明らかに誤記・誤植と思われる個所は、筆者の判断で適宜これを訂正した。

・歴史的仮名遣いはそのままとしたが、読み仮名や句読点の加除、踊り字の置き換えなど、手を加えたところがある。

はじめに

二〇二〇年（令和二）十一月一日。

明治神宮は、鎮座百年祭のこの日を静かに迎えた。

今から百年前の一九二〇年（大正九）十一月一日、明治神宮は明治天皇とその妃である昭憲皇太后を祀《まつ》る神社として誕生した。今では天然林のように鬱蒼《うっそう》と繁るこの森は、全国から寄せられた約十万本の樹木を植林してつくられた人工の鎮守の森だ。その造営にあたっては、本多静六はじめ当時を代表する林学者たちが叡智《えいち》を尽くした緻密《ちみつ》な森づくり計画があった。

この百年の森づくりは、直木賞作家である朝井まかてさんの手により、二〇一六年（平成二十八）に小説となった（『落陽』）。また、鎮座百年を期して実施した境内生物相の総合調査は、その様子が二〇一五年にＮＨＫスペシャルで放送されている。番組には、調査に参画したさまざまな生きものの専門家が登場し、明治神宮の森が人の手によってつくられた自然でありながら、豊かな生物相を育んでいること、百年を経て大都会におけるいのちの森として、大切な役割を果たしていることが明らかとなった。

読者のなかには、この番組で明治神宮の成り立ちと歴史に興味を覚えたという方も多いのではないか。

明治神宮は、例年一千万人を超える参拝者を迎える。

近年はその過半数を外国からの訪問者が占めている。そこには、ブータン王国国王夫妻（二〇一一年十一月十七日）、アメリカ合衆国バラク・オバマ大統領（二〇一四年四月二十四日）、二〇一四年にノーベル平和賞を受賞したパキスタンのマララ・ユスフザイ氏（二〇一九年三月二十五日）など、著名な人物も数多く含まれている。

明治神宮は日本における世界の窓、世界における日本の窓の役割を果たす場所でもある。であるなら、百年のあいだにこの森を通り過ぎたあまたの異邦人を追いかけてみれば、そこに日本と世界が織りなしてきた交流（交錯）の歴史が見えるのではないか――。

そのような着想から本書の執筆を思い立ち、『社務日誌』の記録を手繰《たぐ》って調査を始めたのが、今から六年前、二〇一五年のことだった。２０２０東京オリンピック・パラリンピックの閉会後に開催される鎮座百年祭には、いつにも増して国内外からたくさんの参拝者が訪れ、百歳の森の誕生日を祝うことになるだろう。そう、思っていた。

しかし、二〇二〇年春、世界を襲った新型コロナウイルスにより境内の景色は一変した。四月・五月の自粛要請期間以降、参拝者数は目に見えて減少し、外国人訪問者の姿もまばらとなった。

そして、迎えたのが冒頭の静かな鎮座百年祭だった。

十一月一日午前十時、祭典は参列員の数を四百名ほどに制限して行われた。神前には天皇陛下から贈られた「御幣帛《へいはく》」が供えられ、中島精太郎第十一代明治神宮宮司が祝詞《のりと》を奏上する（この祝詞には、新型コロナウイルス感染症流行の鎮静祈願も添えられていた）。

この日、印象に残ったのは、夜の参道に明るく連なる灯籠に懸けられた短冊のことだ。〈家族が健康でありますように〉。いつもなら当たり前の願いごとが、コロナ禍を象徴して真に迫って感じられたことが、まずひとつある。何より、とても多く目についた短冊が、〈世界が平和でありますように〉であったことに新鮮な感慨を覚えた。見知らぬ異国の家族の健康と幸せを願って、他人ごとではなく手を合わせたくなるような心境は、筆者も同じ時間を過ごした一人として深く共感するところがある。

これもまた、コロナ禍の明治神宮で日本と世界が織りなした交流（祈り）のかたちであり、歴史の一側面ではないか。

本書は、この明治神宮という森を窓として、交錯する日本と世界の百年史を描く初めての著作となる。筆者はまず、鎮座以来書き継がれる『社務日誌』などの明治神宮所蔵資料をもとに、記録に残る外国人訪問者をリストアップして一覧にした（巻末附録参照）。そのうえで、この森を通り過ぎていったあまたの異邦人たちを六つのテーマに沿って章だてし、一九二〇年から二〇二〇年まで、ほぼ時系列で百年をたどっていく。

本書で主にとりあげるのは、以下の人物たちである。

「第一章　飛行機乗りたち」、「第二章　革命家たち」、「第三章　占領者たち」、「第四章　続・占領者たち」、「第五章　日系移民たち」、「第六章　大統領たち」。

そこには、空の英雄アメリカのリンドバーグ、インド独立の志士チャンドラ・ボース、GHQの将校から大リーグの名選手まで、それぞれの立場で日本と交わった時代を象徴する外国人が登場する。彼らは明治神宮訪問を目的として来日したわけではない。しかし、参拝の背景をひも解いてみれば、その時々における彼の国と我が国の関係が見えてくる。あわせて各章のあいだには、鎮守の森の百年史をリレー形式で書き継いだ。読者は、明治神宮の歴史を縦軸とし、この森を通り過ぎていった異邦人たちのドラマを横軸として、百年の森の物語を読み進めることになるだろう。

大戦前夜、占領下、そして戦後復興期の東京で、代々木の森はすべてを見ていた――。

これは、明治神宮を舞台とした、いわばグランドホテル形式のノンフィクションでもある。

序章　明治神宮の誕生

内と外から見た明治神宮

一九一二年（明治四十五）七月三十日、明治天皇崩御《ほうぎょ》のニュースはまたたく間に世界を駆け巡った。

イギリスの『タイムズ』紙は、七月三十日付で「先帝陛下の崩御に由り、日本は殆ど神の如く崇敬せられたる君主を失ひ、世界は最も卓越せる俊傑を失ひ、而して吾英国は茲に忠実にして信憑すべき一盟友を失へり」と、その死を悼んでいる。また、アメリカ『ニューヨーク・ヘラルド』は、ホワイトハウスでのタフト大統領の弔詞を紹介している。「日本天皇陛下崩御の報に接して錯愕《さくがく》含《お》く所を知らず。余は六回の多き陛下に謁見《えっけん》し、且つ吾等相互の間には個人的友誼《ゆうぎ》の存在を感知するに至れる程陛下の賓客として親密なる関係を生ずるに至りたるは余の幸運とする所なりき。……近代に於ける日本の歴史を親しく知悉《ちしつ》せるものは何人も、陛下を以て其臣民の真正なる指導者と為し奉るを拒否するもの非らざるべし」。

ここで驚くべきは、明治天皇の崩御に際して世界各国の新聞雑誌記事を蒐集し、その名も『世界に於ける明治天皇』と題する大著をまとめた人物がいるということだ。望月小太郎という。

一八六六年（慶応元）生まれの望月は、慶応大学を卒業後、一八九〇年に英国ロンドン

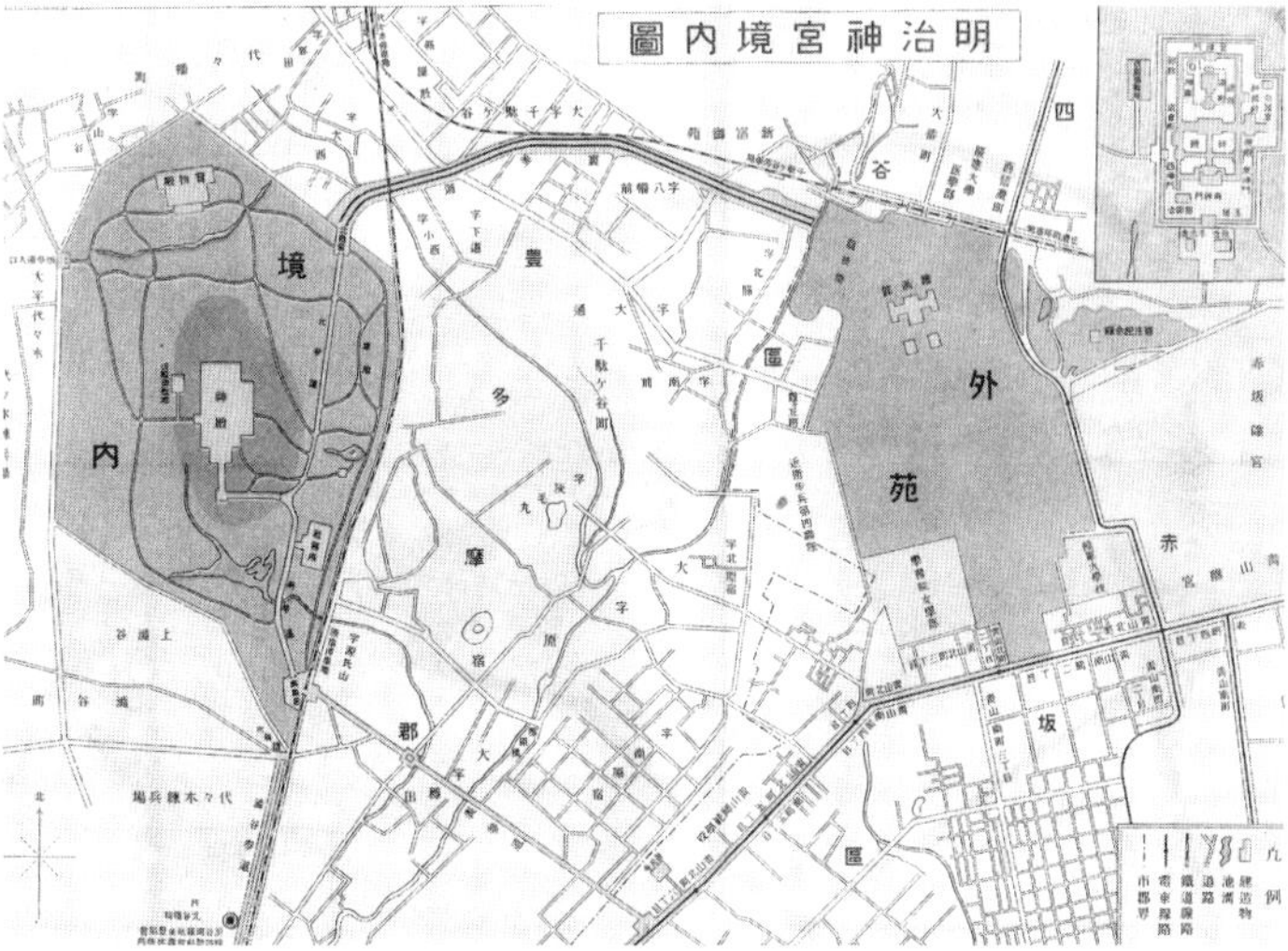

図1　明治神宮鎮座時の境内図　明治神宮所蔵

大学に留学。帰国後は衆議院議員として政治に身を投じつつ、一九〇九年にはみずから英文通信社を設立して、ジャーナリストとしても活躍した。その望月小太郎は、『世界に於ける明治天皇』刊行の目的について、崩御から一年のあいだに「世界列国人が如何に明治大帝陛下を観察し奉りたるか」を、吾が同胞に紹介するため、と緒言で明らかにしている。

　世界における明治天皇――。

　その大いなる存在を永遠に祀るべき神社として、東京に創建されたのが明治神宮だった。

　ここに一九二〇年（大正九）十一月、明治神宮鎮座にあわせてつくられた地図がある［図1］。

鎮守の森の「内苑」に対して、スポーツ・文化施設を含む「外苑」、そして、両者をつなぐ表参道・裏参道が「明治神宮境内図」として一枚に描かれている。百年前の明治神宮造営事業とは、この明治神宮コンプレックスとも称すべき複合的な空間を創造する、一大プロジェクトだった。

そこには森を築くための林学はもちろん、建築、造園、都市計画など、さまざまな専門知識や技術が求められたのはいうまでもない。拙著『明治神宮「伝統」を創った大プロジェクト』（二〇一三年）では、この造営プロジェクトに従事した主要な担い手たちに焦点をあてた。そこで筆者が着目したのは、彼らの多くが当時にあって海を渡り、内と外から日本を知ろうと先駆けた国際人だったという事実だ。

たとえば、民間による明治神宮奉賛運動を主導した実業家の渋沢栄一は、幕末の時代からパリをはじめとする欧州へ。大都会・東京に人の手で永遠の森をつくる——この難題に挑んだ林学者の本多静六たちは、ドイツのミュンヘン大学（現・ミュンヘン工科大学）へ。あるいは、外苑聖徳記念絵画館の建築で、先駆的な耐震構造を実現した工学博士の佐野利器は、明治期のベルリン工科大学へ……。彼らの使命感を支えた原動力には、明治神宮に世界のなかの日本を代表する姿を実現しようという気概があった。

そのような時代の開拓者たちが手掛けた明治神宮を、世界はどのように見たのか。これが本書のテーマとなる。

鎮座祭で群衆が「警戒線を突破」

一九二〇年十一月一日。新しく誕生した明治神宮を人々はどのように経験しただろうか。午前八時三十分、新しい社殿に祭神の御霊代《みたましろ》を祀る鎮座祭が始まる。造営局総裁伏見宮《ふしみのみや》貞愛《さだなる》親王、副総裁床次竹二郎《とこなみたけじろう》、宮司一條実輝《いちじょうさねてる》、内閣総理大臣原敬《はらたかし》、東京府知事阿部浩らが奉仕するなか、勅使九條道實《くじょうみちざね》掌典長が明治天皇と昭憲皇太后の御霊代《みたましろ》を神座に奉った。やがて、約一千四百名の参列員を代表し、東郷平八郎が玉串を捧げ、祭典は無事に終了した。

このように、境内で厳かな神事が行われていたころ、表参道では午後からの開門を待ちきれない群衆が「警戒線を突破」していた。参拝者はこの日だけで五十万人を上回り、実に死者が出るほどの大混雑となった。翌日の『東京朝日新聞』は、「混乱はいよいよ甚だしくヨロヨロヨロヨロめき打倒れて救護班の厄介になる者もあれば、下駄をなくして足袋はだ、い、しの者、靴の片身を何処かへやつて口惜し気な洋服男、友を失つた者、其処には様々の悲喜劇が一時に現ぜられて居る」と、祭りのあとのドラマを伝えている。

明治神宮の誕生は、時の国民の関心事だったことがうかがわれる。

彼らの目当ては内苑の参拝もさることながら、外苑で催される相撲や競馬などの奉祝余興であり、なにより表参道その他の街路が提供する娯楽のさまざまであった。

図2　鎮座祭当日の表参道と原宿口付近　岸田蒔夫編『明治神宮』（同文館、1920年）所収

表参道では鳥居形をした巨大なハリボテの奉祝門が入口に建った［図2］。夜には表裏両参道をイルミネーションが飾り、華やぎを演出する。そして、街頭に軒を連ねる露店は、当時人気を博した記念絵葉書を求める人々でごった返した。この賑わいは十一月一日から、かつての天長節であり、のちの明治節、新しい明治神宮の例祭日となった十一月三日まで続いた。

「原宿生まれの原宿ッ子が集まると「明治節は見せ物小屋が出て楽しかったねぇ」という話が出ます」。

著書『原宿の思い出』でそのように回想する家城定子さんは、一九三三年（昭和八）生まれ。その子供時代というと戦中期にさしかかるが、地元で生まれ育った方々の話によれば、一九四〇年を過ぎても明治節は一年で一番楽しい日だったという。
その情景を、家城氏が「明治神宮の思い出」に生き生きと綴っている。

「ボン！　ボン！」とお祭りの花火が上がると、私たち姉妹は、その音にせかされるように家を飛び出し練兵場に向かいました。近づくにしたがってサーカス団が奏でるジンタ（吹奏楽）の音が聞こえてきます。
私たちは、それに誘われるようにしてサーカス小屋に入り、綱渡りや空中ブランコをハラハラドキドキしながら見たものでした。……たくさんの見せ物小屋の中で何とも不思議に思ったのは「蛇女」でした。……「一寸法師」や「お化け屋敷」もこれと同様で、騙すのも騙されるのもお祭りの余興なればと、今になって思うのです。

荘厳な神事から見せ物小屋の蛇女まで。祭りとしての明治神宮にはその諸層があり、人々の経験もまたさまざまであった。

皇太子の欧州訪問に先立つ奉告参拝

では、鎮座当初の明治神宮にとって世界との接点はどのようなものであったか。

『社務日誌』をはじめとする明治神宮の公式資料によれば、外国人の正式参拝は一九二〇年十一月十九日、駐日英国大使チャールズ・エリオットをもって初めとする。正式参拝とは、神前に玉串を奉る拝礼で、明治神宮神職の立ち合いのもとに行われた。午後三時、エリオット大使は、秘書官一名、通訳一名を従えて来宮。参拝の後は、社殿の規模や様式、祭典儀式の式次第などをこと細かく案内役の神主に尋ねたという。

サー・チャールズ・エリオットは、一九一九年から一九二五年まで全権大使を務めた。ラザフォード・オルコック以来、九人目となる英国代表の外交官だ。彼の在任時代、ワシントン軍縮会議をうけて四カ国条約が調印されたため、一九二三年に日英同盟の廃棄が決定している。同盟の支持者だったエリオットは、その後も日英の友好に腐心した（ヒュー・コータッツィ『歴代の駐日英国大使』）。

外交官のほかに東洋研究の学者でもあったエリオットは、退職後も奈良に留まり仏教経典の研究に没頭する。一九三一年没。未完となった著書『日本仏教』は、同じく外交官兼学者であったジョージ・サンソムが完成させ、一九三五年に刊行を見ている。エリオットの明治神宮参拝は、おそらく日本宗教研究者としての関心もあってのことだろう。

以降、明治神宮鎮座から最初の五年間、大正期の参拝記録を概観してみよう。

一九二一年二月二十八日。これは外国人参拝の例ではないが、当時皇太子だった昭和天皇の欧州訪問に先立ち、東宮大夫濱尾《はまお》新《あらた》が奉告参拝を行っている。日本の皇太子がヨーロッパへ外遊するのはこれが初めてのことだ。

当初は皇太子自身が参拝の予定だったが、「軽微なる御風気」のため前日に取りやめとなり、東宮大夫の代拝となった（『明治神宮記録　二』）。皇太子は、イギリス・フランスなど欧州各国を約半年かけて歴訪し、帰朝後の九月八日に奉告参拝で明治神宮を訪れている。皇太子の洋行には、まだ反対する者も多かった当時のことだ。

ふり返れば、大正天皇自身も皇太子時代に西欧訪問を希望したが、父・明治天皇の反対で実現に至らなかった。皇太子による明治神宮への奉告参拝は、何より祖父・明治天皇へのご挨拶でもあったろう。

同じく一九二一年十一月には、欧州留学をひかえた北白川宮成久《きたしらかわのみやなるひさ》王と同妃房子内親王、一九二二年十月には、渡欧する朝香宮鳩彦《あさかのみややすひこ》王によりおのおの奉告参拝が行われている。このように、明治神宮は海外からの渡航者が訪れる場所であると同時に、海外への渡航者がその無事を祈り訪れる場所ともなっていく。

やがて、明治神宮には外国からの団体客も姿を見せるようになった。

一九二二年十二月二十九日、その名も「米国富豪世界観光団」約三十名が参拝（『明治神宮記録　三』）。「通釈より御祭神の御聖徳に関する説明をきき、頗《すこぶ》る感動せるものの如くなりき」と神社の記録にある。果たしてどうであったか。

この一九二二年には、平和記念博覧会が呼び水になり、上京した地方客や外国人で明治神宮は参拝者が激増した。社務所では急遽、各地からの団体のために湯呑所を準備して対応したという。平和記念博覧会とは、第一次世界大戦終結後の平和を記念し、上野公園で行われた博覧会のことだ。三月十日から七月三十一日まで開催され、来場者は一千万人を超え空前の人出となった。

上野の博覧会と渋谷の明治神宮。

その賑わいについて、両国に住むある「妙齢の娘」の目線で見た描写が小説に残っている。一九二二年六月十日。娘は、友人とともに盛装して明治神宮に向かう晴れがましい気持ちを、次のように伝える。「あたし達はかやうに光栄ある神社に参詣するといふ、その事からが、無上に楽しく又ほこらしくも感じられましたわ。明治神宮の内苑は、じつに立派ですわ。ひろびろとした並木道が、高く空に聳《そび》え立つた神樹をめぐつて、雪白の石燈籠や、数知れぬ聖殿の柱廊など、いづれもみな新しさに輝いてますわ」。

土曜日の朝、境内はすでに地方からの参拝者でごった返していた。

着いてみると、もう沢山参詣人が来てましたわ。明治神宮には何時も礼拝者が絶えないのです。さういふ人達は、大部分地方出の人達で、こんど博覧会見物に上京して、何はともあれ先づ第一に、明治天皇陛下の御霊の前にぬかづいてからでなければ、ゆつくり見物もできないといふ純朴な人達なんですわ。あたし達は、これらの尊敬すべき礼拝者の群を、暫くぢつと眺めてゐたのです。女の人達は皆な立派な服装をして、中にはあたし達の到底足もとにも寄りつけないやうな、綺麗な衣裳を着てる婦人の姿も二三見受けられましたわ。ですけど、御賽銭となると、さう多額のお金を上げる人とても見受けませんでした。御賽銭の山を見渡したところ、その中でもせいぜい五拾銭位が関の山でしたわ。

興味深いのは、この小説が当時日本に住んでいたフランス人によって書かれたということだ。著者はトマ・ロカ。これは「泊まろうか」をもじったペンネームで、本名をロジェ・ポアダッツという。一九二一年九月にフランス航空教育団（ジョノー使節団）の一員として来日し、陸海軍双方に航空術の編成と利用方法を説いた大尉だった（『日仏航空関係史』）。

小説そのものは、ある西洋人男性が博覧会会場で妙齢の日本人娘を江ノ島に誘うところから始まるフィクションだが、描かれた情景は著者ロカが一年半にわたる日本滞在で得た見聞に基づいている。『社務日誌』には記録がないが、このフランス人大尉もおそらく明治神宮を訪れているはずだ。トマ・ロカがフランス帰国後の一九二四年に発表した、この小説『*L'Honorable Partie de Campagne*（邦題・御遠足）』は、その後に英訳も出版され版を重ねた。

これから日本を訪れるヨーロッパの読者へ向けて、案内書の役割も果たしたことだろう。

戦前日本のツーリストたち

ところで、外国人の参拝者とは欧米人をのみ指すのではない。

一九二二年三月三日には気になる記述が見える（『明治神宮記録　三』）。

午後、平和記念東京博覧会南洋館に出場の南洋土人参拝。勅使殿前にて記念撮影す。

この平和記念博覧会では、満蒙館や朝鮮館、台湾館とともに、日本が第一次大戦後に委任統治することになった「南洋新領土」をテーマとした南洋館が設置されている。その目的は、南洋方面の実情を内地へ紹介して、海外発展のために必要な「実物直観資料」を提供することだった（『平和記念東京博覧会写真帖』）。まさにこの実物資料として南洋館に出場する人々が、博覧会の開会にさきだって明治神宮を訪れたのだ。このことはまた後に触れるが、ほかにもこの時期、満洲日日新聞社が主催する満州小学生の母国見学団や、朝鮮総督府民政署の内地視察団などが相次いで明治神宮に参拝している。これらも平和記念博覧会への訪問を兼ねたものであろう。

そして、一九二五年九月十六日。来日した英国の第四皇子ジョージ親王が明治神宮に参拝。英国からは三年前の一九二二年に皇太子エドワードが日本を訪れているが、この時は

図3　英国皇子ジョージ殿下（前列中央）。高松宮邸での午餐会にて　宮内庁宮内公文書館所蔵

明治神宮への参拝はなかった。ジョージ皇子は明治神宮が迎えた最初の欧州皇族・王族となる［図3］。

翌一九二六年九月十二日には、スウェーデン皇太子グスタフ・アドルフ親王および同妃両殿下が来日にあたり、参拝。このように大正期を通して、明治神宮は日本が海外賓客を案内する場所として定着していく様子がうかがえる。

もちろん、当時境内を訪れた外国人がすべて、玉串を奉り正式参拝をしたわけではない。むしろ、多くは一般の日本人と同じように賽銭箱の向こう側からの参拝であっただろう。たとえば、鎮座祭にも日本人に混じって外国人参拝者がいたことは、当時の新聞記事などからもわかる。祭典翌日の『東京朝日新聞』には、「本殿に跪し合掌礼拝の外人」という見出しで、日本流に賽銭を投じる英国人の姿が紹介されている。記事からは、このほかにもドイツ人や横浜から団体をつくってお参りにきた外国人があったことがわかる。

ジョージタウン大学教授で日本近代史を専門とするジョルダン・サンド氏は、戦前日本のツーリストには三つのタイプがあったと指摘する。一つは主に地方からの国内旅行客で、彼らは「見物」をした。次に海外、特に西洋から蒸気船に乗ってやってきた人たちの「漫遊」。さらに三つ目としてアジアの新領土から来るツーリストによる「観光」をあげている。観光という言葉は、現在はツーリズムの訳語として使われるが、当時は「文明の光を見る」という教化のニュアンスが強かったという。南洋や台湾、朝鮮の人々は「内地観光」の名目で来日し、近代文化の発展を「見る」ことを期待されていた。と同時に、平和記念博覧会の南洋館がそうであったように、彼らは内地の人々から「実物資料」として「見られる」対象でもあった。

一九二〇年に誕生した明治神宮は、まさに地方からの見物客、米国富豪のような西洋からの漫遊者、そして新領土の内地観光者らがこぞって訪れる目的地の一つとなった。

ここから百年。明治神宮もまた、国内および海外から訪れるさまざまな人々の視線を受けながら、自らの存在を形づくっていくことになる。

第一章　世界が空に夢中だったころ

——飛行機乗りたち

1、航空界の夜明け

大空に馳せた夢の軌跡

一九二〇年（大正九）十一月。

一日から三日にわたった明治神宮鎮座祭では、「奉祝飛行デー」と称して帝都上空を飛行機が舞った。当日は、中島飛行機が製作した国産飛行機、中島式五型練習機を操縦する水田嘉藤太飛行士らが、代々木原頭の明治神宮奉祝門をかすめて低空を縦横に飛び、奉祝気分を盛り上げたという。

これは民間航空事業の振興を掲げて同年に発足した、航空事業婦人後援会の主催による祝賀行事だった（『日本航空史　明治・大正篇』）［図1－1］。

世界に目を向ければ、欧州では、第一次世界大戦により飛行機の研究開発が飛躍的な発展を遂げた。一九一八年に大戦が終結すると、今度は軍用機より民間機の開発が盛んになる。各国の航空開発への意欲は、定期航空輸送の開設と未開拓航路への冒険的な挑戦、この二つの方向に集中していく。多くの飛行機が新たな長距離飛行の記録を目指し、新たな航空路の開拓に挑んだ。

図1-1　明治神宮鎮座祭記念奉祝飛行デー絵葉書　著者所蔵

この大戦終結から約十五年間を、かつてヨーロッパからアジアや新大陸を目指した航海者たちが活躍した時代に倣い、「空の大航海時代」と呼ぶことがあるという（荒山彰久『日本の空のパイオニアたち』）。この時代、世界各国から空の挑戦者たちが日本を目指して飛んできた。そして、東京での一日、明治神宮を訪れている。

この森にはまた、日本人の飛行家たちも空の無事と記録の達成を願ってやってきた。

本章では、航空界が最も華やいでいた空の大航海時代を中心に、日本と世界が大空に馳せた夢の軌跡を追いかけたい。

ここで本論に入る前に、人類による空への挑戦の始まり、いわば空の大航海時代「前史」について、簡単に整理しておく。

たくみなるわざのひらけて神ならぬ　人も天とぶ世となりにけり
かろげにも空とぶ鳥のつばさみて　うらやみけるも昔なりけり

いずれも、明治の皇后、昭憲皇太后が一九一〇年（明治四十三）にお詠みになった御歌だ。お題は、「飛行機」とある。

大空に翼を広げる鳥に憧れを抱いたのも、今は昔。とうとう人が空を飛ぶ時代がやってきた。

一九一〇年十二月十九日、日本人がエンジンを使った動力飛行で、初飛行を達成した。場所は代々木練兵場で、現在の代々木公園にあたる。この日、陸軍大尉の徳川好敏《よしとし》がフランス製のアンリ・ファルマン式複葉機で四分間、距離にして三千メートル、高度七十メートルの飛行に成功。次いで日野熊蔵陸軍大尉が、ドイツのグラーデ式単葉機により一分間、距離一千メートル、高度四十五メートルの飛行を記録した。これが日本航空史上の初飛行となる。現在、明治神宮に隣接する代々木公園には、これを記念した「日本航空発始之地」の石碑と二人の飛行士の銅像が建てられている。

冒頭の御歌は、おそらくこの快挙を詠ったものであろう。当時、国民の飛行機への関心は高く、練兵場にも初飛行を一目見ようと観衆が殺到した。

二〇二〇年（令和二）は、日本人が初めて空を飛んでから百十年の節目の年でもあった。

空の黒船来航

アメリカのライト兄弟がエンジンを搭載した飛行機フライヤー一号で、人類初飛行を達成したのが一九〇三年。徳川・日野両大尉による日本初飛行は、それから七年後のことだった。一九一〇年四月、操縦法の習得と飛行機の購入のため、徳川はフランスに、日野はドイツへと派遣されている。彼らが代々木練兵場で搭乗した飛行機は、おのおのが現地で買い付けたものだ。

このころから日本は、ペリー来航で開国を促された幕末のように、外国から次々と飛行機がやってくる「空の黒船」来航時代に突入する。

早くも日本人初飛行の翌年、一九一一年三月には、アメリカからボールドウィン率いる飛行団が来日し、大阪城東練兵場でカーチス式飛行機による無料飛行を披露。これが関西における飛行こと始めとなった。その後も、大正に入ると、アメリカのチャールズ・ナイルスやアート・スミスら曲芸飛行士が相次いで日本を訪れ、連続宙返りや夜間飛行などを披露して国内の飛行機熱をあおり、これが日本における動力付き飛行機の研究開発に大きな刺激となった。

これら外国人飛行家の来日は、明治神宮誕生以前の話になるが、実は彼らが曲乗りを披露した会場は、後に外苑となる青山練兵場跡地だった。

たとえば、鳥人スミスとうたわれたアート・スミスは、一九一六年四月八日、皇族を含む二十万人の観衆をこの場所に集めて、一千メートルの高度から連続宙返りを成功させ、喝さいをあびている。彼らは当時、外苑造営工事が始まる前の旧練兵場敷地を飛行会場に使ったようだ。新聞を見ると、すでにこの場所を「青山外苑」と称しているのが興味深い。

一九一九年一月、「フランス航空教育団」が日本政府の要請により来日する。ジャック・ポール・フォール陸軍大佐を団長とする六十三名は、それから一年三か月の間、日本陸軍に飛行機の操縦法や整備の技術などを指導することになる。序章で触れたフランス人のロジェ・ポアダッツ（筆名トマ・ロカ）は、このフォール使節団の後継として招聘された、マルセル・ジョノー少佐率いる航空教育団の一員であった。

2、空の大航海時代

日欧の空に広がる親善の翼

ヨーロッパを飛びたった飛行機が最初に日本に到着したのは、一九二〇年（大正九）五月のことで、これはイタリア機だった。同年一月から三月にかけ、ローマから全十一機が

図1-2　朝日新聞社主催欧州訪問飛行を終えて参拝する四飛行士　『東京朝日新聞』（1926年３月５日）附録

日本を目指したが、故障によるリタイアが相次ぎ、無事にたどり着いたのはわずかに二機であったという。

　このイタリアからの訪日飛行に対する答礼として、朝日新聞社が欧州訪問大飛行を計画。一九二五年七月二十五日、「初風」「東風」の二機が二十万の観衆に見送られ、代々木練兵場を出発している。二機は、モスクワ、ベルリン、パリ、ロンドンなど各都市で大歓迎をうけ、十月二十七日にローマに到着。これが日本人初の欧州飛行となった。

「初風」「東風」に搭乗した安辺浩操縦士ら四名の飛行士は「四勇士」と讃えられたが、彼らは日本出発前と帰国後にそれぞれ明治神宮に参拝に訪れている。一九二六年一月十日午後一時、お礼参りに姿を現した四勇士は、まさに国民的英雄のごとくであったようだ［図1-2］。「当日は天気晴朗なれば、四勇士歓迎をかねたる参拝者多く、社頭は時ならぬ雑踏を極めたり」と、『社務日誌』がその人気ぶりを伝えている。

イタリア機の訪日飛行以後、欧州各国から空の挑戦者が親善飛行と称して日本に飛来した。それが黎明期《れいめいき》にある日本飛行界にとってよい刺激となった。

「初風」「東風」が東京を発ったのと同じ年、一九二五年九月二十九日には、再びイタリアの飛行士フランチェスカ・デ・ピネード中佐と機関士のカンパネリ軍曹が、イタリア大使代理の武官とともに明治神宮を訪れ正式参拝を行っている。前年夏、イタリアは列国に伍して世界一周飛行に乗り出したが、大西洋で挫折して恨みを飲んだ。今回は、航空本部次長の要職にある中佐が自ら複葉飛行艇を操縦し、日本への途すがらオーストラリアへの新航空路開拓を目論んでいた。

二人は、ムッソリーニ首相の激励をうけ、四月二十三日に本国を出発。五か月をかけ、九月二十六日に茨城の海軍霞ヶ浦飛行場に到着している。外務省記録に残された歓迎日程案を見ると、日本では官民をあげて二人を歓待した様子がうかがえる。

第一日（伊機霞ヶ浦到着の日）

霞ヶ浦海軍航空隊に着水、祝盃

午後七時　霞ヶ浦海軍航空隊司令晩餐（土浦）
第二日
午前八時五分　土浦発上京
午前十時十六分　上野着　帝国飛行協会歓迎　終て帝国ホテルへ
午後　伊大使館（用務打合）
午後四時　伊大使館附武官茶（帝国ホテル）
午後七時三十分　歌舞伎座招待観劇
第三日
午前九時三十分より海軍省、外務省、陸軍省、逓信省、東京市の順序に公訪（海軍大臣、東京市長より紀念品を呈す）
午後二時三十分久邇宮家に於て帝国飛行協会有功章を授けらる。終て明治神宮参拝
午後七時　海軍大臣晩餐（官邸）
第四日
午前十一時　靖國神社参拝
正午　三越呉服店午餐（三越楼上）
午後二時　渋沢家茶（自邸）
午後七時　東京朝日新聞社晩餐（鎌倉）

第五日
　正午　三井物産会社午餐
　午後二時三十分　航空研究所参観
　午後四時　航空研究所茶（帝大）
　午後七時　伊国大使晩餐（帝国ホテル）
第六日
　午後一時　帝国飛行協会午餐
　午後四時　帝国飛行協会主催講演
　午後七時　三菱内燃機会社晩餐（紅葉館）

翌一九二六年六月三日には、来日中のデンマークの陸軍飛行大尉ボドヴェと二等技師のオールセン少尉が、やはり明治神宮を参拝に訪れている。彼らのデンマーク軍機二機は、三月十六日にコペンハーゲンを離陸し、ベルリン、ウクライナ、コンスタンチノープル、アレッポ、バグダッド、カラチ、カルカッタ、ラングーン、バンコク、ハノイ、広東、上海、北京、平壌、大阪を経て、六月一日に所沢飛行場に安着している。出発以来七十八日目、一万八千七百八十キロの航程だった。

ボドヴェは帰国後、その体験を著書『コペンハーゲン―東京―コペンハーゲン』に綴った。コペンハーゲン大学名誉教授の長島要一氏は、日本・デンマーク文化交流史の視点からこの冒険談を読み解き、『大正十五年のヒコーキ野郎　デンマーク人による飛行新記録とアジア見聞録』(二〇一六年)にまとめている。長島氏によれば、このデンマークから地球の反対側へ飛行するという一大計画は、技術開発分野への関心以外に、日本・デンマーク親善というお祭り的な要素が多分にあったという。

また、小国デンマークでもできるのだ、という気概を世界に誇示したいという願望が、計画を推進する一大要素でもあった。

この前年の一九二五年秋、日本ではデンマークの童話作家アンデルセンの没後五十周年を記念して、展覧会や演劇などの催しが東京各地で行われていた。ボドヴェ大尉らの親善飛行は、日本とデンマーク両国間の交流を一層深める象徴的な出来ごととなった。

二人は十六日間の滞在中、公式・非公式に大変な歓迎をうけ、六月十五日に所沢を発った。それまでのヨーロッパ・アジア間飛行のパイロットが帰路は船を使ったのに対し、彼らは初めて往復飛行に挑戦。これに成功し、飛行機で東京―ヨーロッパ間を往復するという世界最初の快挙を成し遂げている。

デンマークの次は、ポーランドからの飛行士が明治神宮にやってきた。

ボドヴェ大尉らの来訪から三か月後の一九二六年九月六日のことだ。ボレスロワ・オルリンスキ陸軍中尉とレオナルト・クービャック機関士は、ブレゲー型複葉機で八月二十七日にワルシャワを出発。新興国家としての気概を発揮すべく、シベリア通過の記録飛行を目指した。

ポーランドは、第一次世界大戦が終結した一九一八年、百二十三年ぶりに主権国家として独立を回復した。日本政府はポーランド独立をいち早く承認した国の一つで、翌一九一九年三月二十二日に外交関係を樹立している。

オルリンスキ中尉らの滞日中は、駐日ポーランド臨時公使のヴァツワフ・イェンジェイェヴィチが彼らを歓待し、明治神宮への参拝にも同行した。このイェンジェイェヴィチは、ポーランド独立運動の古参という陸軍中尉で、臨時公使の就任前には駐日公使館付き武官を務めていた。彼が駐在武官として取り組んだ最初の仕事の一つが、日露戦争に軍功があった日本軍将校への勲章贈呈であったという（エヴァ・パワシュ＝ルトコフスカ『日本・ポーランド関係史』）。

ポーランドは、日本軍の先駆的な戦術と士気の高さを高く評価していた。またこの戦争におけるロシアの敗北がポーランド社会に好影響を与えたことから、当時参戦した日本の老兵たちに敬意を表する目的があった。この表彰で、海軍元帥東郷平八郎がポーランド勲章を、奥保鞏《おくやすたか》、川村景明の両大将が軍事功労章を贈られている。

オルリンスキ飛行士らも、日露戦でロシアを破った小国日本には幼少時から親しみがあったようだ。

子供の時分からあこがれていた日本へ、シベリヤの広野を越えてようやく着き、感きわまって何から申し上げてよいか分らない。奉天から平壌へ着いた時には雨で困難したが、平壌では皆さんから非常な歓迎をうけてうれしかった。ことに昨晩は連隊長から日本の料理屋に招待されて、日本芸者というものをはじめて見せてもらったのは印象が深かった。また日本の音楽も非常によかった。日本に入ってから富士山や箱根辺を低空飛行で見飽きるほど、眺めて来た。(『日本航空史　明治・大正篇』)

九月十二日朝、帰航の途に就いた彼らは、途中天候不順で足止めを食らいながら、二十六日にワルシャワ入りを果たし、同国最初の極東訪問飛行記録を達成している。

「空飛ぶ豪華客船」ツェッペリン伯号

空の大航海時代の『社務日誌』を手繰ると、上述のほかにも航空界の黎明期を感じさせる外国人訪問者の姿が見える。

一つは、「空飛ぶ豪華客船」と呼ばれた飛行船の乗組員であり、もう一つは、新記録に挑んだ女性飛行家たちだ。

一九二九年(昭和四)八月十九日、ドイツの巨大飛行船「ツェッペリン伯号」が世界一周旅行の途次、日本に到着した。全長約二百三十五メートル、最大直径三十・五メートル、重量が五十五・七トン。帝都上空に浮かぶ巨大な鯨のような飛行船の姿に、人々は度肝を抜かれたことだろう。八月十五日にドイツのフリードリヒスハーフェンを出発したツェッペリン伯号は、この日、霞ヶ浦飛行場に着陸し、二十三日にアメリカへ向けて旅立つまでの五日間を日本で過ごしている。乗員は、報道関係者を含む乗客が二十名、乗組員四十一名のあわせて六十一名だった。

ツェッペリン伯号の名称は、巨大飛行船の開発に財産をつぎ込み、ドイツで飛行船航行会社を立ち上げたフェルディナント・フォン・ツェッペリン伯爵の名前に由来する。飛行機がまだ航空手段として未熟だったころ、浮力に水素を用いた飛行船が、豪華で快適な空の旅を実現する交通手段として期待された時代があった。ツェッペリン伯号は、その飛行船時代の象徴的な存在だった（関根伸一郎『飛行船の時代』）。

ツェッペリン伯爵の飛行船は二階建てで、二階に食堂と個室、ラウンジと読書室、一階にはバー、喫煙室、シャワールームが完備されていた。食事も贅を尽くし、日本・北米間の船内では、帝国ホテルが調理した料理をドライアイスとともに積み込み、三度の食事ごとに調理しなおして準備したという。まさに「空飛ぶ豪華客船」だった。

ツェッペリン伯号一行は、日本滞在中、外相・海相・陸相主催により帝国ホテルで開いた歓迎レセプションに出席。また、東京日日新聞が主催して日比谷公園で行われた市民歓迎大会や、朝日新聞が上野公園で開催した歓迎式典に招かれるなど多忙な時間を過ごした。明治神宮には、八月二十日と二十一日の二日をかけて乗組員が九名ずつ訪れている。

その後、ツェッペリン伯号は欧州・南米間航路を開拓し、また一九三一年には北極旅行も実現するなど成功を収める。しかし、一九三七年、ツェッペリン伯号とは別の飛行船「ヒンデンブルク号」が爆発事故を起こし、多数の死傷者を出したことから、ドイツ政府は飛行船の製造を禁止。ツェッペリン伯号に代表される飛行船の時代は幕を閉じた。

外国人女性飛行家の活躍

今一つ、草創期の航空界で活躍した女性パイロットたちの来日について紹介しておきたい。

早くは一九一六年十二月、二十代のアメリカ娘キャサリン・スティンソンが日本来訪。鳥人スミスのように、青山練兵場跡をはじめとする会場で曲芸飛行を披露している。また、一九一九年一月にもボストン生まれの女性飛行士ルース・ローが来日している。曲乗りを売り物にするアメリカからの個人飛行家は、彼女が最後になった。

スティンソンやルース・ローが船で来日したのに対し、ブルース夫人と親しまれたイングランドの女性ヴィクター・ブルースは、ロンドンを単独で出発。自ら飛行機を操縦して約二か月をかけて大阪に到着した。彼女は、英国日本間の飛行を成し遂げた最初の人物と

図1-3　英国人飛行家エミー・ジョンソン　『Silvered Wings』（1980年5月開催、エミー・ジョンソンフェスティバルのパンフレット）所収

なった。一九三〇年十一月二十一日のことだ（松村由利子『お嬢さん、空を飛ぶ』）。

さらに翌一九三一年八月六日には、同じく英国からエミー・ジョンソンが日本への単独飛行を達成している。彼女はこの前年に、イギリス・オーストラリア間の空路一万二千キロメートルの飛行にも成功しており、その名は日本でも広く知られていた［図1－3］。彼女たちのような外国人女性飛行家の活躍は、遅れをとる日本の航空界に大きなショックを与えたようだ。

名高きヴィクター・ブルース夫人の単身飛来を迎へて異常なショックを受けた日本は、未だ一年を経ずして又してもブルース夫人、スプーナー夫人と共に英国女流飛行界の三明星の一、いや今日「空の女王」又は「女リンドバーグ」の輝かしき威名を冠せらるるにいたつたアミー・ジョンソン嬢（芳紀まさに二十四歳）を同じ立川飛行場

に迎へ、およそ不振の我が民間航空界に大きな刺戟を与へた。（「ようこそ　アミー・ジョンソン」『飛行』一九三一年九月号）

「空の女王」の来日で露わになったという、「我が民間航空界」が不振の事情については後に触れる。

このエミー・ジョンソン嬢は、日本到着の翌日に機関士のジャック・ハンフリーとともに明治神宮を参拝に訪れている。以降『社務日誌』で確認できるところでは、フランス人女性のパイロット、マリー・イルスも一九三四年三月七日に明治神宮で正式参拝をなしている。大の親日家だったというイルスは、翌年もパリから日本への再訪飛行を実現し、日仏両国の親善にも役割を果たした。

空の王者リンドバーグの衝撃

あまた来日した外国人パイロットのなかで最も著名な人物といえば、やはりリンドバーグ大佐だろう。

チャールズ・リンドバーグは、一九〇二年、スウェーデン移民の息子としてミシガン州デトロイトに生まれた。無名の郵便飛行士だったリンドバーグが一躍世界に知られるようになったのは、一九二七年にニューヨークからパリまで、単独による前人未到の大西洋無着陸横断飛行を成し遂げたことからだ。

当時、ニューヨークの実業家が、このニューヨーク・パリ間の無着陸飛行に二万五千ドルの懸賞金をかけていた。各国のエースが挑戦したが失敗して死者も出るなか、リンドバーグは三十三時間半の飛行でこれを達成して空の英雄に躍り出たのだ。彼は後に、この歴史的な横断飛行を本にまとめた。『翼よ、あれがパリの灯だ』の邦題で知られる同著作は、一九五四年にピューリッツァー賞を受賞し、映画にもなっている。

一九三一年、リンドバーグはパンアメリカン航空から依頼された北太平洋航路調査のため、日本と中華民国への東洋訪問飛行を決行する。七月二十九日、愛機ロッキード・シリウス号で妻のアン・モローとともにワシントンを出発。北太平洋の魔空と呼ばれたベーリング海峡の横断に挑み、八月二十六日、約一か月がかりで霞ヶ浦にたどり着いた。空の大使「リンディ夫妻」を迎えた日本の歓迎ぶりは凄まじいものがあった。

二人は飛行場での歓迎式の後、土浦から列車で上野に向かったが、ラジオでその動静を捉えた常磐線沿いの住民たちは、せめて車窓越しに夫妻を一目見ようと線路の両側に列をなし、「リンドバーグ万歳！」を絶叫したという（『飛行』一九三一年十月号）。上野駅に着くと、二人は日本での滞在先である聖路加病院ルドルフ・トイスラー院長邸を目指して自動車に乗り込んだ。その後ろには、海相、陸軍次官その他新聞社の自動車が四、五十台続く。築地に続く昭和通り沿道は人の洪水で、警官の静止をふり切りリンディの自動車に飛び乗る者が現れるという騒ぎだった。

外交史料館の記録によると、米国大使館では夫妻の到着前から二人の滞日日程を検討し、日本政府と調整した様子がわかる。八月二十日付で警視総監高橋守雄が内外務大臣ほかに宛てた外秘第二二六八号「米国飛行家『リン〔ド〕バーグ』大佐夫妻歓迎予定日程ニ関スル件」では、明治神宮の訪問は来日翌日の八月二十七日に確定している。

「午後三時、リン〔ド〕バーグ夫妻は明治神宮に乗物で、同四時同所着。続いて戦死せる陸海兵に敬意を表せんが為、午後四時四十五分、靖國神社に至る。之等の参拝に際しては成る可く人目を惹かざる様短時間に為す」。

来日後の表敬として明治神宮と靖國神社を参拝することは、一九二五年のイタリア人飛行士以来、日程に定着した感がある。

米国大使館では、到着翌日は基本的に夫婦の休養日とし、本格的な公式行事は翌二十八日から開始することを考えていた。「成る可く人目を惹かざる様」というのは二人への配慮だろうか。しかし、そうはならなかったことは、たとえば鳥居の前でほほ笑む二人をばっちりと捉えた『ナショナルジオグラフィック』誌の写真からも明らかだ〔図1-4〕。

リンドバーグ夫妻は、種々の歓迎行事に出席の後、初秋の軽井沢や日光を楽しみ、九月十三日に次の中華民国へと旅立った。短い滞在だったが、日本での印象は二人の記憶に深く刻まれたようだ。妻のアン・モローは、この東洋飛行の思い出を旅行記『翼よ、北に』

図1-4　米国人飛行家チャールズ・リンドバーグの明治神宮参拝　『ナショナルジオグラフィック』英語版1932年2月号所収

に綴っているが、特に茶道に顕われた日本人の鑑賞眼に心を動かされている。

「きわめて小さいもののうちに美を認め、何気ない立ち居振る舞いのうちにさえ美を創造する、日本人のこの鑑賞力というか、ものを見る深いまなざし。これが紙と紐の生活のうちに一貫して輝き、それをまた解き明かしている――そんなふうにわたしには思われた。それは日本の茶道に、もっとも活き活きと表現されているのではないだろうか」。

日本航空界にとって、リンドバーグは「空の大使」にとどまらず、「空の覇者」であり「空の脅威」でもあった。それはどういうことか。

長い間、大洋横断飛行は世界の飛行家たちの夢のフィールドだった。しかし、一九二七年、リンドバーグの大西洋横断飛行がもたらしたのは、残された海はもはや「太平洋」しかないという現実だった。前人未到の海、太平洋を誰がいつ征服するのか。このリンドバーグの衝撃が、空に残された最後の冒険とロマンに人々を駆り立てることになったのだ。

日本も例外ではない。とりわけリンディ夫妻が来日した一九三一年には、太平洋横断飛行の挑戦がまさに佳境を迎えていた。

太平洋無着陸横断飛行をめぐる攻防

一九三一年四月二十九日。

午前十時半、日米親善北太平洋横断飛行成就祈願の為め、報知新聞副社長、飛行士吉原清治外四名、賀陽宮殿下より下賜の国旗を奉持し参拝をなす

リンドバーグ訪日のちょうど四か月前、明治神宮で飛行の無事を祈願したのは、報知新聞社が主催する日米親善北太平洋横断飛行の吉原清治飛行士ほかの人々だった。

これに先立つ二月十一日、報知新聞社は紙面による社告で、この飛行事業を発表している。国際航空界が太平洋制空の争覇戦を華やかに展開している今、「若き航空日本が誇る

旭日旗を、機影いまだ印せざる太平洋上に輝かし」めんと、同社はその目的を高らかに宣言する。吉原清治は、報知新聞社専属一等飛行士として、この前年に欧亜連絡飛行に成功しており、操縦の腕前は折紙付きだった。吉原は、報知日米号と名付けられたユンカースA50型水陸交替機で、羽田からサンフランシスコ間の一万余キロを、北太平洋の島づたいに飛行する計画であった。

この時、報知新聞社の社長は野間清治だった。講談社の創業者だ。横断飛行敢行にあたり、野間は「全日本の挙国的御援助」を求めて、その衷情を次のように披瀝している。

一旦之を天下に発表し、必ず北太平洋横断を決行致しますと公約致しましたからには、何処までもやつてやつてやりぬき、最後の最後までやり通さなければならない義務があります。無論吉原飛行士は決死の大覚悟でありますが、其の他之に携る者何れも必死の大決心でございます。（野間清治『日米親善北太平洋横断飛行に就いて衷情を披瀝して満天下に訴ふ』）

実際、吉原飛行士の挑戦は、記念絵葉書や雑誌『子供の科学』の特集になり、子供も大人も夢中になった［図1－5］。制作された応援歌も一曲ではなかった。たとえば、詩人の土井晩翠《どいばんすい》が作った勇ましい「北太平洋横断の歌」は六番まであったが、その四番はこう

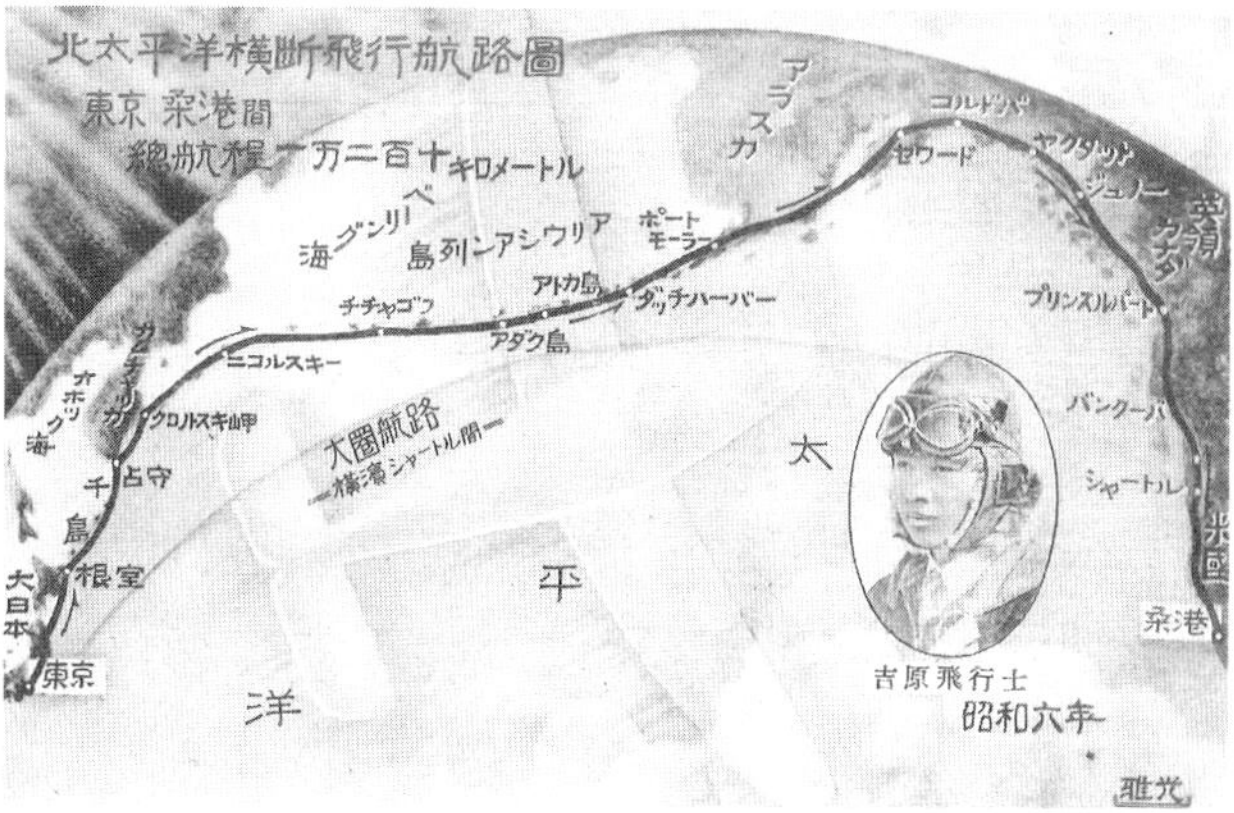

図1-5　報知新聞社主催日米親善太平洋横断飛行記念絵葉書　著者所蔵

だ。

世界の魔処のアリューシヤン
　その海峡にいくばくか
勇士の胆をためすべく
　濃霧暗礁猛獣の
　むれぞ——それはた何かある
　日本の男児吉原は
　太平洋を飛びこさん

　五月四日、吉原氏を乗せた報知日米号は「決死の大覚悟」で羽田を飛び立つ。
　明治神宮社頭には、この日の前後から吉原飛行士の成功を祈願する人々が絶えなかった。五月二日には、武蔵高等工科学校航空部の学生が、三日には、大日本雄弁会講談社少年部の関係者、そして、吉原飛行士の母とみと郷里の佐賀県人会代表者が祈った。また、飛行事業に何らかの関わりがあったものか、国産自動車普及株式会社の社員一千名のほか、森永製菓の関係者らも横断飛行の達成祈願で参拝に訪れている。太平洋への挑戦は、まさに挙国的関心事となっていた。

実は同じ年、朝日新聞社も太平洋横断飛行の懸賞事業に乗り出していた。四月二十日の紙面で、太平洋無着陸横断飛行（本州とカナダのバンクーバーより南の間を飛行）を最初に成功した者に、日本人であれば十万円、外国人であれば五万円を贈ることを発表している。そもそも「報道の翼」という言葉があるように、新聞社と航空事業の関わりは深く、各新聞社は戦前を通じて記録飛行や懸賞飛行に、文字通り空中戦を展開した。この朝日の懸賞金を獲得しようと、外国人飛行家も名乗り出ては挑戦し、そして失敗していた。一九三一年、日本の空は熱かった。

では、吉原飛行士の報知日米号はどうなったか。

同機は、国民の応援むなしく、出発から十日後の五月十四日、千島列島の新知島《しんしるとう》付近でエンジンが停止して、不時着。吉原飛行士は七時間の漂流の後、漁業監視船が発見し救助されている。報知新聞社は、予備の「第二報知日米号」を現地に送り、飛行の再開を試みるが、この予備機は七月五日、根室港での試験飛行で破損し使用不能であることが明らかになった。

帰らぬ人となった報知の三勇士

同じ年の八月、英国女性飛行士エミー・ジョンソンの来日が、「不振の我が民間航空界」に刺激を与えたことは先に触れたが、その不振とは報知号の不首尾のことでもあった。そこで吉原飛行士と報知新聞社は、面目をかけて横断計画の練り直しと新たな報知日米号の調達に奔走することになるのだ。

ところが、なんということか。十月四日、青森の淋代《さびしろ》海岸（現・三沢市淋代）を離陸したミス・ビードル号なる飛行機が、六日朝にシアトル市の東のウェナッチに到着し、世界初の太平洋無着陸横断飛行に成功してしまった。乗っていたのはアメリカ人のクライド・パンクボーンとヒュー・ハーンドンだ。

二人は当初、世界早回り飛行の新記録を目的にニューヨークを出発したが、悪天候などの影響で達成が難しくなり、途中のハバロフスクで挑戦を断念した。そこで、運よく朝日新聞社の懸賞金を知り、目的を太平洋横断に切り替えて、八月六日、急遽日本に飛来したのだった。この時、日本側の許可を待たず、また要塞地帯を無断撮影して入国したことから、スパイを疑われ警察に機体と身柄を拘束されている。二人は航空法違反の罰金を払って九月二日に釈放されたが、このスパイ騒動で逓信省から飛行許可が下りず、来日中のリンドバーグが日本政府に取りなして、やっと挑戦を認められたというごたごたがあった

図1-6 『シカゴ・トリビューン』紙（1931年10月6日）が伝えるミス・ビードル号の首尾　外交史料館所蔵

〔図1-6〕。

パンクボーンとハーンドンは、この記録で見ごと、朝日新聞社の懸金を手にしている。

一方の報知新聞社には、野間社長が披瀝したように、公約したからには最後の最後までやり通さなければならない衷情があった。が、これが悲劇を生む。

一九三二年、初志貫徹を期して第三報知日米号が投入された。同機を操縦するのは、本間清、馬場英一朗、井下知義の三飛行士だ。彼らもまた九月七日、成功を祈願して明治神宮に参拝していた。

九月二十四日早朝、報知の三勇士はミス・ビードル号と同じ淋代から飛んだ。しかし、離陸から五時間が経過したところ、無電局からの問いかけに「ＯＫ」と応答したのを最後に、消息を絶つ。ただちに米国、ソ連、カナダの協力で国際的な捜索が行われたが、三勇士はついに帰らぬ人となった。

結局、報知新聞社の太平洋横断飛行は、死者四名、重傷者二名という痛ましい犠牲をだし失敗に終わっている。一九三五年十二月に同新聞社が刊行した報告書『謹みて太平洋横断飛行の経過を報告す』に曰く、「洵に誠に遺憾恐縮の極み」であった。

3、親善の翼から航空戦力へ

太平洋は日本人で飛べ

ここまで、明治神宮の参拝記録を通して、海外の飛行家と日本との交わりをたぐった。本節では、航空界と明治神宮をつないだ、もうひとつの交わりについて触れておきたい。世界が大洋横断飛行に熱中した一九三一年（昭和六）、明治神宮は彼らの成功を祈る場であると同時に、不幸にも空に命を散らした殉難者の慰霊にも関わることになった。

東京・新橋に一般財団法人日本航空協会が運営する航空会館というビルがある。その屋上に小さな社があるが、これを「航空神社」という。現在の航空神社は戦後に再建されたもので、当初は航空会館の前身である飛行館が芝にあり、航空神社はその屋上にあった。一九三一年十一月七日、本邦航空殉難者の英霊を祀る神社として鎮座。創建したのは、日本航空協会の前身団体、帝国飛行協会だ。

実はこの初代航空神社の社殿には、明治神宮造営時の残材が使われている。鳥居も明治神宮境内で枯損したスギ材を使用して建造された。これは、航空神社鎮座に先立つ同年六月、帝国飛行協会から明治神宮への願出があり、譲渡されたものだった。

帝国飛行協会は、日本人初飛行の成功から三年後の一九一三年（大正二）に創設された民間航空団体だ。民間による航空振興を活動の目的として、初代会長には大隈重信が就任し、総裁には久邇宮邦彦王《くにのみやくによし》をいただいている。一九一四年には兵庫県の鳴尾競技場を会場として我が国初の民間飛行競技会を開き、また各地で懸賞飛行大会を主催するなど、日本航空界の発展に努めた。発足五年後の一九一八年には皇室から五十万円の民間航空奨励金が下賜され、これを一般の寄付金と合わせて活動の財源としている。

太平洋は日本人で飛べ――。

一九二七年夏、リンドバーグの大西洋横断成功からわずか二か月後に、満を持して帝国飛行協会が発表したのが、太平洋横断飛行計画だった。協会の悲願は、日本製飛行機で日本人飛行士により世界初の太平洋横断飛行を成し遂げることにあった。発足した実行委員会では、飛行機は川西飛行機製作所が設計製作し、一九二八年五月から九月を期して、東京―シアトル間に挑戦することが決定。その資金は全国からの寄付にまつことになった。

ところで、この時期に同協会会長を務めたのは貴族院議員の阪谷芳郎である。

渋沢栄一とともに民間団体の明治神宮奉賛会を設立し、造営事業を推進した立役者の一人だ。阪谷は、学校・委員会・審議会など、関わった団体が多岐にわたるため「百会長」と称されたというが、『阪谷芳郎伝』によれば、その数多い関係事業の中で最も力を尽くしたものの一つが、この帝国飛行協会の仕事だったという。阪谷は、一九一四年から同協会の副会長を務め、一九二五年に大隈重信の後を承けて第二代会長に就任している。

その阪谷会長は、一九二七年の大飛行計画敢行にあたり、『帝国飛行協会会報』（一九二八年十一月）誌上で、その意義を熱く説いた。

此計劃は昨年五月、米国飛行家リンドバーグ大佐の大西洋横断飛行成功に次で世上に伝はり、世界の注目を惹き、暗に列国飛行家の競争心を喚起し、太平洋横断飛行に付幾多の計劃発表を見るに至れるも、……日米間の太平洋横断飛行の月桂冠は天未だ何人にも与へず、暗に本協会計劃の準備成るを待ちつつあるものの如し。

しかし、この帝国飛行協会の宿願もついに実現せずに終わった。

まず、川西飛行機が製作する横断機Ｋ12型（通称「桜号」）に対し、逓信省航空局から横やりが入った。彼らは航空法を厳しく適用し、同機の強度と性能を問題視したのだ。一説によると、この背景には海軍が主導で協力した協会の太平洋横断計画に対し、快く思わない陸軍関係者による「『桜』号ぶっつぶし作戦」があったというが、真相は定かではない（鈴木五郎『ああヒコーキ野郎』）。

さらに、桜号を操縦する予定だった飛行士が、長距離訓練飛行中に佐賀県藤津郡七浦村（現・鹿島市）に墜落炎上し、命を落とすという不幸な事故が起きる。一九二八年二月二十九日のことだ。飛行士の名を後藤勇吉という。帝国飛行協会の第三期操縦訓練生として学び、一九二四年には大阪毎日新聞社と提携して、日本初の国内一周飛行に成功するなど、空の申し子ともいうべき名パイロットだった。

この墜落死は斯界《しかい》に衝撃を与え、一九二八年七月、帝国飛行協会は横断計画を中止するに至る。この代案として、一九三一年八月八日に協会が公表したのが、太平洋無着陸横断懸賞飛行だった。朝日新聞社の懸賞金が日本人十万円、外国人が五万円であったのに対し、協会の懸賞飛行は太平洋を無着陸横断した最初の成功者（日本国籍を有する者）を対象としていた。しかし、既述の通り、この初飛行の栄光はパンクボーンとハーンドンに輝くことになる。

帝国飛行協会による航空神社の創建は、この太平洋横断計画の趨勢と軌を一にしていたともいえる。

航空神社の創建

一九三一年十一月七日、本邦航空殉難諸士の英霊を祀る航空神社の鎮座祭が、飛行館の屋上で執り行われた［図1－7］。

午後二時三十分、靖國神社賀茂百樹宮司の斎主により祭典が始まる。神前では、阪谷芳郎会長の祭辞が副会長の田中館《たなかだて》愛橘《あいきつ》により代読された。

図1-7　航空神社の鎮座祭　『飛行』1931年12月号所収

人類地上の文化は時代の推移と共に大空に展開し、航空の事業は現代生活の魁を為すと共に、其発達は人文消長の標識を為す。……顧みれは明治末期の航空事業は殆と児戯に類し、何等好奇の具と選はす、帝国飛行協会茲に見る所あり。……幸に今日の隆運を見るに至りしと雖、此事業を見るは職として斯道先達の献身的努力に負う。即ち航空の技愈々発達して、殉職受難の士の偉勲を憶ふこと益々切なるものある也。

同じ祭辞で阪谷は、航空神社社殿に明治神宮の用材を用いたことにも言及している。この再利用にあたり、帝国飛行協会会長にして明治神宮奉賛会副会長である阪谷芳郎から、明治神宮への働きかけがあったかどうか。調べた限りでは、これを裏付ける資料は見つからなかった。しかし、帝国航空界の殉難者を祀る神社に、明治神宮と靖國神社の双方が関わりをもっていたことは興味深い事実だ。

鎮座祭当日は、全国航空殉難者遺族百六十八名が参列し、神前では小泉又次郎逓信大臣、南次郎陸軍大臣代理および安保清種海軍大臣代理に続き、遺族総代として故・坪田立蔵の母敏子が玉串を捧げている。

坪田立蔵は、一九〇九年（明治四十二）に渡米し、現地で万国飛行士の免状を獲得。一九一四年、ロサンゼルス郊外での試験飛行中に命を落とした（『航空忠魂録』）。児童文学作家・坪田譲治の従兄にあたる。

帝国飛行協会が鎮座にあたりまとめた『日本航空殉難史』によれば、日本人最初の航空殉職者は、一九一二年にロサンゼルス郊外で墜落死した民間飛行家の近藤元久であるという。航空神社には、この近藤に始まる一九一二年から一九三一年までの殉難者、民間八十一柱、海軍百二十一柱、陸軍百二十三柱の計三百二十五柱が祀られた。

航空事故の犠牲者を慰霊する神社の嚆矢としては、一九一五年に二宮忠八が創建した飛行神社があげられる。二宮忠八は、一八九一年に日本で初めて動力つき模型飛行の実験に成功した、「日本飛行機の父」と知られる人物だ。二宮は、飛行機開発に携わる者として事故の犠牲者への責任を感じ、私財を投じて京都の八幡に神社を建てた。

また、旧軍が軍用地や艦艇内に設けた神社を営内神社と総称するが、この営内神社の創建経緯を考察した坂井久能氏によれば、航空関係の殉職者を祀った営内神社の最も古い事例は、霞ヶ浦海軍航空隊の「霞ヶ浦神社」であるという。同神社は、一九二五年十月二十三日に、神田明神の宮司を斎主として、開隊以来の死者二十五名の招魂祭を行っている。

帝国飛行協会もまた、自らの太平洋横断計画で後藤勇吉を失い、物心共に大きな犠牲を払いながら壮挙を果たせずにいた。一九三一年、懸賞飛行を広く呼びかける一方で、これからも増え続けるであろう航空殉難者の無念に報いたいという思いがあったのではないか。

飛行協会はもちろん、この年九月十八日に勃発する満州事変を予期したわけではない。しかし、これを境に協会の活動は、航空戦力に直結する戦時体制へと切り替えを迫られることになる。やがて一九四〇年九月、帝国飛行協会は政府の方針により大日本飛行協会と改められた。

求められたのは民間飛行界の翼賛体制化だ（日本航空協会『協会75年の歩み』）。たとえば、協会が訓練費を負担して、全国の青少年や学徒を対象に航空訓練に乗り出したことなどは、その活動の一端である。

一九三一年の鎮座以来、航空神社では毎年新霊合祀祭と慰霊祭が行われたが、年々合祀の数は増加した。一九三七年以降は、戦争拡大による航空関係の戦死者が急増したため、陸海軍省からの通報は人名が省略され、民間殉職者を含め柱数のみが霊璽簿に記録されている。さらに一九四三年からは航空機による犠牲者数が軍事機密扱いとなったため祭神柱数が不明となった。やがて一九四四年には例祭も中止され、終戦に至る。

慰霊から空の平安祈願へ

本章では、明治神宮の森から見た空の世界をテーマとして、大正後期から昭和一桁にかけて大洋横断飛行の夢に挑んだ国内外の飛行機乗りを追いかけた。

一九三一年、日本の空には有名無名を問わずたくさんの飛行士が記録を目指して詰めかけ、人々は飛行熱に沸いた。しかし、その年はまた、親善の空が戦いの空へと変貌を遂げる、その予兆を感じさせる年でもあった。

一九四五年八月、日本は敗戦により航空が全面的に禁止され、大日本飛行協会は解散に至る。そのため、民間飛行人たちは逓信科学振興協会という仮の組織を名乗って活動を続けた。やがて、一九五二年の航空再開とともに、財団法人日本航空協会として再スタートを切ることになる。

これは後日の話だが、一九八二年、航空協会は飛行館を航空会館として再建するにあたり、航空神社の神社護持に関する方針を次のように改めている。

一、従来の慰霊奉仕の祭祀から、航空神社祭神を主神とする航空平安の守護神としての祭祀様式に切り替える。

ここにおいて航空神社は、航空殉難者の慰霊の神社から航空平安祈願の神社へと大きく性格を変えることになった（『航空神社抄史』）。

背景には、航空機事故殉難者の定義が難しくなったという事情があげられる。たとえば、靖國神社が所蔵する一九七四年の「航空神社合祀殉職者芳名簿」を見ると、いったんは合祀対象にあげられた故人の名が、その後削除された例が見られる。これは大学体育会の航空部員で、当時航空スポーツ中の殉難者を合祀するか否かの判断基準に疑問が生じた様子がうかがえる（『私祭関係綴　奉賽課』一九七四年九月・十月）。

一九八三年八月二十五日、日本航空協会の新しいビル「航空会館」では、再建された航空神社への遷座祭が斎行された。以後、現在まで毎年九月二十日の空の日には、靖國神社から神職が出張奉仕し例大祭を執り行っている。靖國神社権禰宜（教学研究員）で本調査でもお世話になった野田安平氏の指摘によれば、新社殿を設計した佐久間金佐は元陸軍省建築課技師で、一九八三年当時靖國神社に勤めていた人物だという。この再建で、航空神社は明治神宮の建築を踏襲した流造《ながれづくり》から神明造へと、その様式を変えている。本書の趣旨と離れるため航空神社の祭神論はここまでとするが、いずれ稿を改めたい。

これも後日の話だが、戦後は空ならぬ宙《そら》の飛行士も明治神宮を訪れる時代になった。一九六六年二月二十四日には、NASAのウォルター・シラーとフランク・ボーマンが夫人をともない参拝をなしている。彼らは前年暮れ、ジェミニ六号と七号で史上初の宇宙ランデブーに成功したアメリカの宇宙飛行士だ。

さらに、一九七〇年四月十七日には、科学技術庁長官の西田信一が、アポロ十三号の無事帰還を願って参拝に訪れている。有人月面飛行を目指したアメリカの同宇宙船は、途中の事故でミッションを中止し地球を目指していた。この宇宙における危機的状況は、後にトム・ハンクス主演の映画にもなっており、ご覧になった方もおいでだろう。当時アメリカでは信教の自由を越えて、政府が全教会に無事帰還のミサを要請したという。

幸いなるかな、アポロ十三号は十八日午前、無事に地球へと生還している。果たして、宙の安全に明治神宮での祈りは届いたか。それは神のみぞ知ることだろう。

第二章　独立運動の志士は祈った

――革命家たち

1、鎮座二十年、皇紀二千六百年、幻のオリンピック

一九四〇年の神賑わい

一九三九年（昭和十四年）大晦日は、快晴かつ温暖で参拝に絶好の日和となった。午後十時ころから人が増し、十一時五十分には拝殿前は立錐《りっすい》の余地なく、人に押されたか悲鳴があちこちから聞こえてくる。年が明けて一九四〇年一月一日。混雑はいよいよ極まり、原宿口からの参入も困難となった。この状況で社殿までたどり着くには相当疲労したものだろうか。南神門では、老人婦女子が二段の階段を昇るのも難渋な様子で、脱げて拾われないままの下駄や履物がその場に多数残っていたという。実に、大晦日の午後六時から元旦午後五時までで、百二十二万五千人を超える人出となった。

これは前年を二十八万人以上上回る数字で、まさに当日の『社務日誌』が記す通り「空前の記録」となった。

この一九四〇年は、一九二〇年（大正九）の鎮座以来、年間参拝者数が初めて一千万人を突破した年でもある。その理由は二つある。

一つは、一九四〇年が皇紀二千六百年の記念の年だったこと、今一つは明治神宮鎮座二

十年祭の年だったことだ。この二つの奉祝が重なったことで、境内は年間を通じ賑やかさを増した。この年、皇紀二千六百年の記念式典は、政府主催により十一月十日に宮城前広場で、一方、明治神宮では十一月一日の鎮座記念日と三日の例祭日（明治天皇誕生日）を中心に鎮座二十年祭が斎行されている。三日間の大祭期間中、約百六十四万人が参拝に足を運んだ。

参拝記録で目をひくのは、二十年祭第二日の儀の祭典中にドイツの青少年団ヒトラー・ユーゲント六名の訪問があったことだろう。彼らの参拝はこれが初めてではない。二年前の一九三八年八月十七日には、第一回日独青少年団交歓事業で前日に来日した団員三十一名が、宮城遥拝の後、明治神宮を訪れている。一九三八年とは、前年の日中戦争勃発をうけ国家総動員法が公布された年であり、ドイツではヒトラーがオーストリアを併合した年でもある。

日独青少年団の交流に詳しい中道寿一氏によれば、この交歓事業の目的は親善だけでなく、ドイツ側にはヒトラー・ユーゲント派遣によるナチス・ドイツのプロパガンダが、日本側にはヒトラー・ユーゲントをモデルとした日本の青少年団の統一化・一元化が、それぞれの思惑としてあったという（『君はヒトラー・ユーゲントを見たか？』）。ともかく、一行三十一名はこの後三か月間全国を巡り、各地の青少年団と交流して熱狂的な歓迎を受けている。

一九四〇年に訪れた六名は、この第二回交歓事業のメンバーだった。時代を象徴する訪問者といえる。

戦時下の明治神宮国民体育大会

皇紀二千六百年と明治神宮鎮座二十年。

この二つの奉祝を重ね、規模を大きくして開催されたのが「第十一回明治神宮国民体育大会」だった。これには少し説明が必要だ。

序章で触れたとおり、明治神宮は、鎮守の森の「内苑」とスポーツ・文化施設からなる「外苑」が一体となって構成されている。内苑は国費で造営されたのに対し、外苑は渋沢栄一をはじめとする民間実業家たちが設立した「明治神宮奉賛会」が、全国の献金を募って完成させたという特徴がある。

内苑の鎮座に遅れること六年、一九二六年十月二十二日。竣功なった外苑は、奉賛会から明治神宮へと献納されて現在に至っている。翌二十三日、野球場で行われた始球式では、明治神宮第二代宮司で陸軍大将の一戸兵衛がボールを投げた。その外苑公式オープンの二年前、先に完成した競技場で開催されたのが、第一回明治神宮競技大会だった。

明治神宮競技大会は、明治神宮外苑競技場を中央会場として開催された、日本初の総合スポーツ大会として知られる。現在の国民体育大会の前身だ。一九二四年の第一回は内務省の主催で行われたが、一九二六年に体育行政事務が内務省から文部省に移ったことで、学生・生徒の参加・不参加をめぐり両者が紛糾した。そこで、同年の第三回大会から新たに設立された民間団体が主催することになった。この団体が「明治神宮体育会」で、全日本陸上競技連盟ほか各種スポーツ団体、関係官庁、および明治神宮などの関係団体によって構成された。

この民間主催による大会は、名称を「明治神宮体育大会」と改め、二年に一度の開催で一九三七年の第九回まで続く。しかし、一九三九年、国家総力戦への対応から主催は政府が行うことになり、新設された厚生省がこれを引き継いだ。大会名も「明治神宮国民体育大会」に変更され、時局を反映し「国防競技」が種目に加えられている。そして、迎えたのが一九四〇年の第十一回大会だった。

この第十一回大会が盛況だった理由には、幻のオリンピックのいわば代替大会の期待があったという事情もある［図2－1］。

一九四〇年は、アジアで初めてのオリンピックが東京で開催されるはずだった（一九三八年七月に返上）。しかも、外苑競技場はオリンピック関係者が当初、主会場として計画していた場所でもある（のちに駒沢ゴルフ場に計画変更）。事実、この大会では「奉祝継走」「宮崎・畝傍《うねび》駅伝競走」という、聖火リレーを彷彿とさせるような特別行事が行われている。

図2-1　第11回明治神宮国民体育大会閉会式　アサヒ・スポーツ編『第十一回明治神宮国民体育大会画報』（朝日新聞社、1940年）所収

もう一つ、この大会で象徴的な出来ごとは、この回から満州国の参加が承認されたことだ。これは満州国政府から希望があり「日満両国民の親善提携強化」を目的に初参加が決定したという。最終的に選手役員を含め、百八十名が満州国から外苑の地に集っている。彼らもまた時代を象徴する明治神宮（外苑）への訪問者といえるだろう。

大東亜の訪問者たち

満州国といえば、同じく一九四〇年の六月二十七日、満州国皇帝溥儀が明治神宮に参拝している。溥儀は、これより前、一九三五年四月七日にも参拝の記録がある。これは溥儀が秩父宮来満の答礼として来日した時のことで、これを記念した

「満州国皇帝陛下奉迎運動大会」が、四月十三日に外苑競技場で開かれている。これをきっかけに日満間のスポーツ交流が本格化することになった。一九四〇年の二度目の来日は、日本の友好国として皇紀二千六百年の公式行事に参加するためだった。溥儀にとっては、これが最後の日本になる。

翌年の一九四一年正月。この年も、昨年ほどではなかったが境内が人で埋まった。その数計百十四万五千人。

一月二日、普通参拝者で社務所に立ち寄る者あり。「印度志士ボース、ラスビハリ」と名前がある。

ラスビハリ・ボース。一九一五年に二十九歳で日本に亡命し、インド国外から故国独立のために活動した人物だ。また、イギリスと対立する日本の政府や軍部と協力的な関係を築いた。彼を庇護した新宿中村屋の婿となったことから、「中村屋のボース」とも称される。この時、五十四歳。ボースは、この年の十二月八日に大東亜戦争が勃発すると、これをインドの独立につなげるべく在日インド人による「印度独立連盟」の同志によびかけ大決起集会を開催している。

この「全日本印度人大会」が東京で開催されたのは、開戦から十八日後の十二月二十六日。年が明けて一九四二年の元旦にも、明治神宮境内には参拝をなすボースの姿が確認されている。この森で、祖国の独立を心に誓ったか。

前置きが長くなったが、戦時体制に突入していく昭和十年代の日本を、さまざまな事情を抱えて明治神宮を訪れたアジアの来者の視点から見つめ直す。これが本章のテーマだ。訪問者は多数にのぼるが、ここでは祖国の独立を目指して来日した革命家たちに焦点をしぼりたい。まず、ロシアから亡命したタタール人の活動家を、次に、一九四三年十一月に開催された大東亜会議に参加したアジア解放のリーダーたちを追いかける。いずれも、明治神宮への参拝の記録がある人々だ。

2、亡命タタール人が榊に託した日本との未来

故国を遠く逃れて

明治神宮の森は、当時の林学者たちが百年を超える時間軸で計画的につくった鎮守の森であることは先に述べた。彼らの計画では、特段の事情がない限り、造成後にさらに植林することを制限している。しかし、社務所の記録によれば、一九二〇年（大正九）の鎮座以降終戦までに、少なくとも二十三本の樹木が新たに境内に植えられたことがわかっている。特例として実現した記念植樹だ。

明治神宮の森において、献木の経緯や植栽位置が特定できる樹木は珍しい。この節の主人公である榊も、その二十三本のうちの一本に該当する。一九三七年（昭和十二）七月五日、東京回教学校校長とその生徒たちによる記念樹だ。
その「献納願」の文面を、当日の『社務日誌』に知ることができる。

献納願
東京市渋谷区代々木上原一〇九八番地
東京回教学校々長ムハンマド・ガブドゥルハイ・クルバンガリー

一、榊　一本
我々回教徒は、今より拾数年前に日本へ亡命して来た者でありますが、御稜威の基に住居を得られて安穏に生活を営むで居ります。其の上に日本で生れました子供達を教育する為に、学校も建設することが出来ました。此の東京回教学校は明治神宮に程近い代々木富ヶ谷にあります。去五月八日は学校の創立満十周年に当りました。日本の名士の方々が多数御来臨下さいまして、盛大な祝賀会を挙行致しました。我々は日本の方々の厚い御同情に深く感銘致して居ります。此の感謝の心を表す為に、学校の十周年祝典を機会に記念樹を献納致し度い願であります。幸に御許を得ましたなら、生徒一同揃ひまして神域に植樹させて戴ます。何卒御許下さいます様願上ます。

昭和十二年六月十五日
ム、ガ、クルバンガリー
明治神宮宮司　有馬良橘閣下

当日の様子を取材した『東京朝日新聞』は、「故国なき子らの感傷 〝第二の故郷〟に献木」と題して、夕刊に写真入りで紹介している［図2-2］。曰く、「ここの生徒たちは、皆ロシヤから亡命したトルコ・タタール族の子供達で、生れてまだ故郷を知らず、一族の団結も亦明治神宮に近い同校に通ふ子供たちによつてのみ結ばれてゐるところから、同族一同がこの渋谷区を第二の故郷と定めようといふ意味でこの献木となつたもの」。

図2-2　東京回教学校創立10周年を記念して明治神宮に榊を植えるタタール移民の子供たち　『東京朝日新聞』1937年7月5日

渋谷の回教学校創立十周年を記念して、明治神宮への献木を実現したのは、ロシアから日本に亡命したトルコ・タタール族のイスラーム教徒、その子弟たちだった。日本で生まれ育った子どもたちはいまだ故国を知らず、この渋谷を第二の故郷と思い定めての植樹という。

それから八十余年の月日を経て、正参道が社殿に向かい直角に右折する枡形沿いの林苑に、今まっすぐに伸びる榊の姿を確認できる。果たして、日本に逃れた亡命トルコ・タタールたちは、「安穏な生活」を続けることができただろうか。子らは故国の土を踏んだか。そもそもタタール族とはどのような存在なのか。

在日タタール人の出現

日清・日露の両戦争における日本の勝利は、帝政ロシアの支配化にあったイスラーム系諸民族を驚嘆させた。ロシア領内のカザン州を中心に居住していたタタール人も、そのような民族の一つだった。

一九一七年、ロシア革命が勃発し、後にソビエト社会主義共和国連邦が成立すると、民族独立運動に参加していたムスリムたちは厳しい迫害を受けることになる。圧政から逃れるため、彼らはロシアから満州に避難し、朝鮮半島を経由して日本に渡ってきた。その最初の移住者が渡日したのが一九二一年ころといい、滞日ムスリム人口がピークを迎えた一九三〇年代後半には、亡命タタール人の数も四百〜六百人程度にまで膨らんだ。

当時、在日タタール人は東京だけでなく、名古屋・神戸・熊本などに居住しコミュニティーを形成していたというが、現在その事実を知る者は決して多くない。しかし、日本・トルコ関係史を専門とするアンカラ大学教授のメルトハン・デュンダル氏が、このトルコ・タタール人のディアスポラの重要性を指摘するように、戦間期・戦時下の国際情勢における日本の立ち位置を考えるうえでも、この在日タタール人の存在は無視できない問題だ。

東京に出現したタタール・コミュニティーが組織化するのは、一九二四年にムハンマド・ガブデュルハイ・クルバンガリーが来日したことによる。帝政下ロシアのバシキール人に生まれた汎イスラーム主義の亡命者、クルバンガリーこそ、一九三七年に生徒らとともに明治神宮を訪れた回教学校の校長である。

クルバンガリーは、内戦期のロシアで、ボリシェヴィキ軍（赤軍）に対抗してツァーリ（白軍）の側につくも敗走。その後、日本軍支配下の地域に移動すると、まず大連の満鉄で通訳として働き、日本側の支持者を得て来日したものであった。滞留タタール人の指導者として、クルバンガリーは精力的に活動を開始した。

まず一九二七年十月、子弟の教育のため新大久保百人町に「東京回教学校」を設立。この学校は、一九三一年に渋谷区代々木富ヶ谷に移転し、敷地内には東京回教印刷所も新設された。ここでは、トルコ共和国では禁止となったアラビア文字の活字を用い、タタール語の教科書や雑誌、宗教書を印刷し、それらは海外にも配布された。

図2-3　東京モスクの完成を祝う在日タタール人とその支援者たち　メルトハン・デュンダル氏所蔵

この東京回教学校は、その後代々木上原に移転している。同じ場所に、同じくクルバンガリーの奔走によって建設されることになるのが、東京で最初の回教礼拝堂、いわゆるモスクだ。現在も東京ジャーミイの名で、急増する在日イスラーム教徒の礼拝の場となっている。このモスクを起工したのが一九三五年、完成し竣功を祝ったのが一九三八年五月のことだった［図2－3］。

一九三七年、東京回教学校の創立十周年を祝うクルバンガリーは、在日タタール人の指導者としてその絶頂にあったかのように思われる。しかし、明治神宮への記念植樹から一年足らず、待望の東京モスク竣功式にも姿を見せることなく、クルバンガリーは日本を後にしている。

それは、なぜか。

クルバンガリーと頭山満

ここに、一枚の写真がある［図2-4］。亡命ムスリムの活動家ムハンマド・クルバンガリー（後列左）が、日本人支援者らとともに犬養毅の墓詣での最中だ。一九三三年十月十六日朝、青山墓地での一場面である。墓前で頭を垂れているのは、玄洋社の総帥にしてアジア主義の主唱者、頭山満だ。頭山満の背後に立つもう一人のムスリムは、トルコ系タタール人のアブデュルレシト・イブラヒムという。

一九〇二年（明治三十五）の初来日以後、幾度も日本を訪れることになるイブラヒムは、アジアにおけるムスリム諸民族の独立運動を、全アジアの解放を唱える頭山たちの超国家主義と結びつけた最初のトルコ・タタール人である。事実一九〇九年、イブラヒムは頭山やほかの日本人有力者とともに、アジア主義の結社「亜細亜義会」を設立。犬養毅もその一員だった。

明治神宮への献木願書で、クルバンガリーが「日本の名士の方々」に感謝の意を表したように、回教学校や東京モスクの建設資金を支援したのは、三菱銀行頭取だった瀬下清ら財界人や頭山のような在野のアジア主義者たちだった。日本側には、反共・反ソの立場からも、日本の対イスラーム政策としてムスリム諸民族を味方につけることが重要であるとの認識があった。

しかし在日タタール人コミュニティーの結束も一枚岩ではなかった。

図2-4　犬養毅の墓を詣でる頭山満と在日タタール移民の指導者たち（1933年10月）　メルトハン・デュンダル氏所蔵

強烈な個性の持ち主で、時に強引でもあったクルバンガリーには反発する者も多かった。このような軋轢は、一九三三年十月、かねてよりタタール民族主義者として著名であった、アヤズ・イスハキーが来日したことで一気に表面化する。日本の在留タタール人社会は、クルバンガリー派とイスハキー派に二分し対立状態に入る。

イスハキーの動向に詳しい松長昭氏によれば、クルバンガリーが国粋主義団体や陸軍、政治家などに人脈を構築し、彼らに在日タタール人の将来を託そうとしたのに対し、イスハキーはトルコに頼るべきことを主張していた。また、世俗主義を選択したトルコのケマル・アタチュルク政府にとって、汎イスラームを唱えるクルバンガリーは厄介者であり、この点からも駐日トルコ大使館はイスハキーの支持に回った。

そのような情況下に勃発したのが、盧溝橋事件だった。一九三七年七月七日。これを発端に、日本は中国との全面戦争へと突入する。

この時期の在日タタール工作について『外事警察概況』資料をもとに丹念に辿った西山克典氏によれば、本格的な大陸政策が急務となった日本にとって、クルバンガリー対イスハキーのヘゲモニー争いは、在留回教徒の統一を阻む元凶とみなされた。このことが、外務省の在日タタール工作を本格化させ、クルバンガリーは一九三八年五月五日に逮捕、そして六月十四日には国外追放へと追い込まれる。日本の回教政策とクルバンガリーの立場を転換させた盧溝橋事件が起きた日が、彼が生徒らとともに明治神宮を訪れた、わずか二日後であるのは印象的だ。

一九三八年五月十二日、この日開堂式を迎えた東京モスクには、イエメンのフセイン王子や各国ムスリム代表をはじめ、頭山満や陸軍大将松井石根らの姿があった。モスクの初代イマーム（導師）として記念写真の中央におさまったのは、クルバンガリーでもイスハキーでもなく、在留ムスリムの統合という日本側の意をうけたアブデュルレシト・イブラヒムだった。

3、大東亜会議の独立主義者と日本の結節点

大東亜共同宣言

一九四一年（昭和十六）十二月八日午前六時、大本営陸海軍部は次のように発表した。帝国陸海軍は、本日未明、西太平洋に於て、米英軍と、戦闘状態に入る――。

そして、午前十一時四十分、米英両国に対して宣戦するに至る。この日、明治神宮では熱心に戦勝を祈願する参拝者が後を絶たなかった。社殿にほど近い第三鳥居の前に土下座して祈願する者もあったという。とくに団体が多く、社務所の調べによれば、この日一日の団体参拝者数は四十八組、一万七百人を上回った。

翌十二月九日、境内には「東京イスラム回教徒イブラヒム」に率いられた一団の姿もあった。その数、十五名。『社務日誌』は「皇軍戦勝祈願」のためであろうと、その参拝の理由を推測している。

明治神宮ではこの年の大晦日から、恒例となっていた夜間参拝を取りやめ、警戒警報発令に備えた。

しかし、開戦から半年後の一九四二年六月、日本はミッドウェー海戦で主力空母四隻を

図2-5　大東亜会議に参加した各国首脳たち（左からバー・モウ、張景恵、汪兆銘、東條英機、ワンワイタヤーコーン、ホセ・ラウレル、チャンドラ・ボース）『写真画報』298号（1943年11月17日）所収

すべて失い、大敗を喫する。以後、作戦の主導権をアメリカ軍に譲り渡すことになった。この戦の分岐点から三か月後の九月十五日、明治神宮では不測の事態に備えた宝庫が玉垣内に完成している。宝庫とは、いわば御神体のシェルターだ。実際に、本殿からその宝庫へと御霊代が遷されるのは、敵機の襲来が激しくなった一九四四年十一月のことだった。

さかのぼること一年、一九四三年十月二十一日。

秋雨が降りしきる明治神宮外苑競技場では、文部省主催による「出陣学徒壮行会」が行われた。この月の初め、戦局の悪化にともなう兵力確保のため、文系の学生に対する徴兵延期措置が撤廃された。この日、参加したのは第一回学徒兵入隊を前にした東京近郊七十七校の学徒で、その数は約二万五千人といわれる。この壮行会は第二回入隊以降は行われず、これが外苑競技場における最初で最後の「学徒出陣」となった。

それから半月後、東京ではアジア地域の首脳が集まった初めての国際会議が開催される。これが大東亜会議だ。会議は、十一月の五日・六日の二日間、帝国議会議事堂で行われ、大東亜戦争の完遂と大東亜建設への決意を表明した「大東亜共同宣言」を全会一致で採択して閉会となった。

参加した各国首脳は次のとおりである［図2‐5］。

日本　内閣総理大臣　東條英機
中華民国（南京）　国民政府行政院院長　汪兆銘
満州国　国務総理大臣　張景恵
フィリピン共和国　大統領　ホセ・ラウレル
ビルマ国　内閣総理大臣　バー・モウ
タイ王国　首相代理　ワンワイタヤーコーン親王
自由インド仮政府首班　チャンドラ・ボース

この大東亜会議については、作家の深田祐介氏がその詳細を記した労作『黎明の世紀』（のちに『大東亜会議の真実』に改題）がある。本書もこの著作に多くを拠った。

大東亜会議は、開戦以来「自存自衛」としか認識されていなかった日本の戦争目的が、「アジア解放」という大義名分にあることを遅まきながら内外に声明する最初の機会となった。深田氏は、大東亜会議が戦後、「傀儡《かいらい》政権の代表を集めた茶番劇」と片付けられてきたことに異議を唱え、各国代表者がいかに情熱を込め、かつ懊悩しつつ、白人支配からの解放を求めて会議の場で発言したかを書き起こしている。

その会議に出席した代表たちは皆、明治神宮を参拝に訪れている。

興味深いのは、彼らが代表団一行としてではなく、会議に前後して個別に来訪していることだ。そこには自ずと各国の事情が垣間見える。本節では、参拝記録を順にたどりつつ、会議の主役たちが来日に至った背景を読み解いていきたい。

各国代表の明治神宮参拝

まず、最初に訪れたのは、インドのチャンドラ・ボースだ。会議が始まる四日前の十一月一日一時過ぎ、随員および日本陸軍司政長官の接伴員らとともに明治神宮に参着し、正式参拝をなしている。『社務日誌』の記録によれば、大東亜会議出席者の参拝のことは、かねてより大東亜省から「極秘を以て」交渉があったという。

チャンドラ・ボースは、一八九七年（明治三十）、ベンガルの名家に生まれた。英国ケンブリッジ大学に学ぶも帰国後、インド独立運動に身を投じる。ガンジーの非暴力主義に反対し、武力による反英闘争を訴えた急進派のリーダーだ。このボースは、先述した「中村屋のボース」こと、ラスビハリ・ボースとは別人だ。親戚でもない。しかし、独立運動の同志だった。

実は、会議に先立つ七月四日、ラスビハリ・ボースは一回り年下のチャンドラ・ボースに、インド独立連盟の代表を移譲していた。同年十月、チャンドラ・ボースは、日本占領下のシンガポールで自由インド仮政府を樹立。十月二十四日には、連合国に対し宣戦布告を行ったところだった。故に今回の会議には、オブザーバーとしての参加となった。独立後に日本がインドを大東亜共栄圏に組み込まないことを前提としたためだ。

ボースは会議が終了した翌朝、記者団に対して、大東亜会議が従来の国際会議と異なり、家族的な信頼に結ばれた会議であったと感想を語り、その意義を次のように評している。

　大東亜会議は、解放された大東亜諸国が道義に結ばれて開かれたもので、ジュネーヴの国際聯盟をはじめ、従来の国際会議とは本質的に異るものである。従来の国際会議の本質が道義も信頼もない会議なるが故にこれは当然のことであつた。これに比較し大東亜会議は、相互信頼と新秩序建設への聖なる希求のもとに完全に一つのものとなつたもので、各国代表が私に洩した如く、真実の家族会議であつたといへる。この会議が産んだ大東亜共同宣言は「自由の憲章」である。大東亜宣言に示された方向こそ来るべき世界の進むべき唯一の途である。日本があることは東亜諸民族にとって真に幸福であると私は思ふ。これに酬いる大東亜諸民族の唯一の方法は十億の大東亜民族が同一の戦場に立ち、お互の血を流し米英を屈服せしめる以外はない（『朝日新聞』一九四三年十一月八日）。

ボース参拝翌日の十一月二日には、午前十一時に中華民国国民政府主席の汪兆銘一行が、正午には満州国国務総理大臣、張景恵の一行が、相次いで明治神宮を参拝した。

汪兆銘と張景恵。

ともに「傀儡」と呼ばれ、特に汪兆銘は、戦後の中国で「漢奸（売国奴）」として散々な評価を受けている。汪兆銘は、対日融和政策をけん引し、日中戦争時に親日的な南京政府を樹立した。張景恵も満州事変以降、日本軍政と協力し、一九三五年から国務総理大臣の要職についている。

一八七一年生まれの張は、この時七十二歳。深田は、「傀儡」を老獪不敵に見ごとに演じた人物として、張景恵の一筋縄ではいかない大物ぶりを評している。

一方の汪兆銘は、当時、「信念と情熱の大政治家」と評された（『週刊朝日』一九四三年十一月二十一日号)。会議の演説では、国父孫文の言葉を借りて、アジア各国の団結によるアジア各国のための自主独立を強く訴え、英米侵略勢力に依存しようとする重慶(蔣介石政府)へ警鐘を鳴らした。

このスピーチは、「火と燃える闘志闘魂」(同前)の持ち主であるボースの心にも相通じたようだ。大東亜会議の終了後、汪はボースを南京へと招聘している。ここでボースは自ら申し出て、南京のラジオを通じ蔣介石側に和平の呼びかけを試みた。しかし、この工作が実ることはなく、汪兆銘はその一年後の、一九四四年十一月十日、かつて凶漢に襲われた古傷が悪化し名古屋の病院で亡くなっている。

汪と意気投合したチャンドラ・ボースもまた、終戦直後の一九四五年八月十八日にこの世を去った。祖国解放運動を続けるため、ソ連に亡命しようと台湾で搭乗した乗機が離陸に失敗。事故死だった。

「一つのアジア」を日本に見出す

大東亜会議に話を戻す。

会議終了後の十一月八日。この日は、ビルマの総理大臣バー・モウと、タイの総理大臣代理としてワンワイタヤーコーン親王の参拝があった。タイの代表が総理大臣のピブン・ソンクラームでなく、その代理となったのは、ピブンの健康状態が悪いためとされたが、これはどうも口実のようだ。日本以外にアジアで唯一の独立国だったタイは、一九四三年十月当時、すでに日本の戦況が厳しいことから、自国の立場が不利にならないよう日本の敗戦を見越したうえで、代理を派遣したのではないかという。そこで来日したのが、オックスフォード大学を卒業し、外交官として駐英大使の経験もあるワンワイタヤーコーンだった。タイの近代化を推進したラーマ五世の孫にあたる。

ところで、当初バー・モウは十一月一日に参拝の予定であった。一日の『社務日誌』には、その事情が次のように記録されている。「第一着予定のビルマ国バーモ長官一行、所定の時刻午前十一時三十分に至るも参着せす。前後長時間待合せたるか、正午過に至り、飛行機未着にて未だ来朝せさる旨通知を受け、待機を解けり」。

会議に出席するため、バー・モウらが乗った飛行機は、サイゴンを飛び立ったところで不時着。藁ぶき屋根の小屋がクッション代わりに機体を受け止め、一命をとりとめたという。ビルマの一行は数日遅れで日本に到着し、東條首相の官邸で開催されていた歓迎会から合流することになった。

後年、バー・モウがこの出会いの場面を印象的な筆致で回想録に綴っている。先に紹介したボースの大東亜会議評とも通じるところがある。

会合はきわめて感動的な雰囲気をつくり出していた。私はみなと過ごしたこの短時間の夜が、これまでの感情はすべてわきにおいて、ただ毎日、その国と国民の現実のみを考えることを強制されてきた地域の果ての国からやってきたばかりの人間たちの中に、かくも大変さまざまで広範囲の考えと感慨をかき立てるとは考えてもみなかった。今や人々はこれらの現実を越えて、広いアジアそのものを一つのものとしてとらえる思いに満たされていたのであった。大部分の人は初対面の人たちだった。にもかかわらずお互いにすべての生涯を知り合い、失っていたものをいま再発見した。

私自身についていいえばそれはもはや私が最初に訪問した日本ではなく、いまやアジアそのものであり、われわれはアジアを再発見しつつあるアジア人であった。（『ビルマの夜明け』）

バー・モウの初来日は、一九四三年三月初旬。この時にも明治神宮への参拝が確認できる。その肩書きは、「ビルマ国行政長官」だった。

一八九三年、英国の植民地だったビルマで裕福な家庭に生まれたバー・モウは、若くして英国のケンブリッジ、仏国のボルドー大学で学ぶ。帰国後は弁護士をしながら、反英独立の民族活動に参加するようになった。その後、第二次大戦が勃発すると日本軍と協同、会議二か月前の八月一日にビルマ独立を宣言したところだった。二度目の来日で感じた印象とは、まさに独立国の国家元首として「一つのアジア」を日本に「再発見」したという感慨であろう。

国外から参加した大東亜会議出席者の参拝は以上である。

では、フィリピンのラウレル大統領はどうしたか。記録によれば、ラウレルはバー・モウらと同じく十一月八日の二時四十分から参拝の予定だったが、病気のため取りやめになったという。

しかし、ラウレルはこの一月前の十月一日、すでに明治神宮に参拝している［図2-6］。『社務日誌』は記す。

一九四三年十月一日
今般来朝したる比島独立準備委員長一行は、午前十時三十分正式参拝をなす。
一行の人名左の如し。
独立準備委員長（内務長官）　ホセ、ピー、ラウレル
同　　委員（行政府長官）　ホルヘ、ビ、バルガス
同（新比島奉仕団副総裁）　ベニグノ、エス、アキノ
外 秘書官二名
接伴員、通訳 三名

Meiji Shrine — Tokyo, Oct. 1, 1943

図2-6　明治神宮を参拝するフィリピン独立準備委員（先導の後ろからホセ・ラウレル、ホルヘ・ヴァルガス、ベニグノ・アキノ）　フィリピン大学ホルヘ・B・ヴァルガス博物館フィリピン研究センター所蔵

ホセ・P・ラウレルは、一八九一年、アメリカ統治下のフィリピンで弁護士の家に生まれる。ラウレル本人も、フィリピン大学と米国のイェール大学で学んだ後、弁護士および政治家として祖国での活動を開始する。やがて、フィリピンが日本の占領下に入ると、その軍政に協力して独立を模索した。先の参拝は、フィリピン独立準備委員会委員長として来日したときのものだ。その後、大東亜会議直前の十月十四日、日本政府はビルマに続いてフィリピンの独立を承認した。これにより、独立準備委員会で委員長だったラウレルは大統領に、行政府長官のホルヘ・ヴァルガスは在日フィリピン大使に、同じく委員だったベニグノ・アキノは国会

議長に就任している。

ラウレルとバー・モウは、その後の境遇もよく似ている。日本の敗戦の色が濃くなった一九四五年、ラウレルはフィリピンを脱出し台湾を経由して、日本に亡命。家族とともに奈良ホテルに逃れた。終戦後は連合軍により戦犯指定され、巣鴨プリズンに収監される。バー・モウもまた終戦直後の八月、タイを経由して日本に亡命し、新潟県の寺院で潜伏生活に入った。しかし十二月、自ら占領軍に出頭し、巣鴨プリズンに送られている。

憧憬としての「明治」

いったい彼らアジアの運動家たちは、明治神宮で何を祈ったのだろうか。記録は残されていない。

ただ、亡命タタール人のクルバンガリーや満州の張景恵がそうであったように、日露戦に勝利した日本はアジアの希望であり、明治天皇がその象徴的な存在だったことは確かだろう。ビルマのバー・モウは、日露戦当時は小学生だったが、日本の勝利を耳にした時の感動を回想録に綴っている。幼い者たちは、そのころ流行した戦争ごっこで日本側になろうと争ったものだという。

「ビルマ人は英国の統治下に入って初めてアジアの一国民の偉大さについて聞いたのである。それはわれわれに新しい誇りを与えてくれた。歴史的にみれば、その勝利は、アジアの目覚めの発端、またはその発端の出発点とも呼べるものであった」(同前)。

チャンドラ・ボースもまた幼年時、一九〇五年の日本の勝利を強く記憶しており、この日から自由印度、自由アジアを夢見てきたのだと大東亜会議における演説で語っている(『アジアは一つなり　大東亜会議各国代表演説集』)。

当時我が国より遥か彼方に於て、生起しつつあつた種々の事件に対し、幼少であつた私及び幾億の我が老幼印度同胞が、如何に歓喜と熱情とを注いだかは、今尚私の記憶に新たなるものがありますが、是は印度人、印度児童のみならず、世界に散在する全アジア人の経験した所であると信ずる次第であります。爾来アジア民族は結集せるアジア、自由なるアジアを夢見たのであり、我々印度民衆も亦、一九〇五年以来、之を憧憬し来つたのであります。

そのうえで、「アジアの一国が西洋の侵略に抗して蹶起した」一九〇五年のこの時から、日本はアジアの指導的役割を果たす使命があるはずではないかと、ボースには一日も早い自由印度の確立にむけ訴えるところがあった。

一方、汪兆銘は日露戦争時は二十代前半の若者で、法政大学に広東省政府の官費留学生として在学中だった。自伝によれば、当時、汪が最も打ち込んでいたのが西郷隆盛と勝海舟で、神田の古書街を歩くたび、この二人の偉人に関する書物を漁ったものだという。「この二人なくしては江戸事件の解決はもとより、明治維新もあれ程見事な完成を見ることが出来なかったらう」(『汪精衛自叙伝』)。

中国の革命運動については、国内の分裂をもたらし列強の中国分裂を促進するものだと康有為らが反対したが、汪はその心配はないと確信していた。その根底には、明治維新、特に西郷・勝両雄に対する思いがあった。深田祐介氏は、この時期に西郷や勝に抱いた憧憬ゆえに、汪は日本および日本人に対する幻想を抱いたのではないかと指摘している。

チャンドラ・ボースたちが見た明治神宮国民錬成大会

ところで、大東亜会議の参加者たちと明治神宮にはほかにも接点があった。場所は、明治神宮外苑競技場。会議が終了した後の十一月七日のことだ。この日、競技場では第十四回明治神宮国民錬成大会が開催されていた。この会場に、ボースやバー・モウらが訪れ、大会を観覧したのだ。

本章の冒頭で触れたように、外苑競技場を会場とした明治神宮競技大会は、一九二四年(大正十三)に第一回が行われた。一九四三年の大会は、その第十四回目には違いないのだが、中身に大きな違いがあることは、その名称の変化からも明らかだ。

大会名称が明治神宮国民錬成大会となったのは前年の一九四二年で、これは「大東亜戦争下最初の大会」を意識してのことだった。この第十三回大会で、総合戦技として新たに「戦場運動」が種目に加えられている。その目的は、特殊技能者を尊重するのではなく、国を挙げて「健民錬成」「健民健兵」することであり、それが大東亜戦争を勝ち抜くための必須の要請であるからという。しかし、この一九四二年の大会には、戦場運動のほかに野球・バスケットボール（籠球）・サッカー（蹴球）など、いわゆる敵性スポーツの種目も行われたが、一九四三年にはそれもとりやめとなった。

一九四三年の第十四回大会については、その詳細がよくわかっていない。『明治神宮外苑七十年誌』には、「〔昭和〕十八年〔一九四三〕には、神宮外苑での開催は中止されて地方大会のみとなり、十九年にはその一切が中止された」と記述があるが、これも正確ではない。毎年刊行された大会報告書も、この回のものはあまり出回らずに終わったのではないか。

『第十四回明治神宮国民錬成大会報告書』は明治神宮にも所蔵がなく、閲覧先を探してたどり着いたのは秩父宮記念スポーツ図書館だった。

果たして、報告書を見ると、この年の大会は開催までに紆余曲折があったことがわかる。当初の計画では、例年どおり夏季・秋季・冬季の三季に分けて開催し、特に秋季は十一月三日を中心に、外苑競技場での中央大会と全国市区町村での地方大会をあわせて実施する予定だった。しかし、九月二十三日、東條総理大臣から全国民に対して、戦闘配置につくべしとの要請があったため、大会も「決戦型」に態勢を切り替えた。これにより、以後は「実践的演練」の披露を旨とすることになった。演練とは、いわゆる体操のことだ。

ここで奇妙なのは、外苑で開催するはずの秋季大会を、十一月三日の全国大会と七日の中央大会の二つに分けたことだ。そもそも明治神宮大会は、祭神である明治天皇の誕生日（明治節）であり明治神宮の例祭日を記念して、十一月三日に行うことから始まったものだ。それを今年に限っては、七日を大会のピークにするという。この措置には内部で異論もあったのではないか。

報告書編者は大会概況を記して次のような一文を残している。

「然し中央大会が十一月三日の明治節に行はずして七日に行はれたことは特殊な事情があつたのではあるが、異例中の異例であつて、之が先例となつてはならない事勿論である」。

筆者はこの「特殊な事情」こそ、大東亜会議によるものではないかと推察する。

会議を主催する日本政府、なかんずく代表の東條は各国の首脳陣が錬成大会を見ることを望んでいた。同時に彼らは、大会の参加者および観覧者である日本側の人々にも、アジアの盟友である各国代表の姿を目に焼き付けてもらいたかった。そのためには、一行の訪日スケジュールにあわせて、明治神宮国民錬成大会の開催日程を組む必要があったのではないか。

大会翌日の十一月八日付『朝日新聞』は、「宛《さなが》ら〝大東亜祭典〟戦争下、競ふ若人一万余」と題して、この日の様子を次のように描写している。

第十四回明治神宮国民錬成大会中央大会は、南海に挙がる航空大血戦の凱歌も高らかな七日、菊薫る神宮外苑競技場に豪快な絵巻物を繰展げた。この日畏くも総裁高松宮殿下には会場に台臨、優渥なる令旨を賜ひ、親しく全演技を台覧あらせられたが、この光栄に一万一千選士の士気は一しほ揚り、また来朝中の共栄圏各国代表も午後臨席し、大会の感銘をより深くし、さらに東條首相が大東亜の若人に呼びかけて親しく挨拶を送り、いやが上にも大会をして意義あらしめた。かくて午後四時半全演練を終へ夕闇せまる会場に記念すべき閉会式が行はれ、大会長小泉厚相の挨拶終り「海ゆかば」の大斉唱となり「勝ち抜く誓」は高く唱和され、ここに聖恩之旗を奉送、国旗台に翻つた大日章旗も静かに降され「天皇陛下万歳」の声は高く神域をふるはせ、大会の幕を閉ぢた。

大東亜青年合同体操とジュニアたち

当日は九時からの開会式に続き、東京女子高等師範学校ほか女子学徒五百二十名による「女子学徒鍛錬体操」、少年飛行兵千三百名による「陸軍航空体操」、あるいは東京都下の隣組防空群二百六十名による「民防空実践的訓練」など、まさに「実践的演錬」である全

図2-7　第14回明治神宮国民錬成大会　『写真画報』298号（1943年11月17日）所収

十七種の体操が、会場を埋める五万の観衆に披露された。

　東條首相に導かれた各国代表は、日比谷公会堂前で開かれた大東亜結集国民大会に参加後、午後二時半すぎに揃って外苑競技場に姿をあらわしている［図2－7］。

　この大会で特筆すべきは、最後に行われた十七種目の体操のことだ。「大東亜青年合同体操」という。

　これは、大東亜共栄圏を構成する中国、タイ、満州、フィリピン、ビルマ、仏印、ジャワ、スマトラ、セレベス、ボルネオ各地の青年約二百名が、日本の青年約四百名と合同で大日本青年体操を演じたものだ。

　実はこの二百名のなかには、当日の

来賓たちの子弟が含まれていた。

ビルマ国バー・モウ首相の息子ザリモー（十六歳）、フィリピン国ラウレル大統領の四男マリアノ（二十一歳）、同国駐日大使ヴァルガスの息子エドワルド（十九歳）とラモン（十七歳）の兄弟たちだ。彼らは、外務省の外郭団体として上目黒につくられた、国際学友会館で共に過ごす留学生たちだった。一九四三年六月、日本は「南方特別留学生制度」を設置し、日本の勢力下にあった地域から、数年間の予定で青年たちが日本に送られた。その受入れ先がこの学友会館だった。

この厳しい戦局にあって、一般市民が日本に息子を送り出すのは勇気がいることでもあり、各国の有力者が自らの子弟を派遣したという事情もあるようだ（『フィリピンの独立と日本』）。結果、大東亜青年合同体操に参加した二百名のうち、百二十名を超える過半数がこの会館の留学生だった。

果たして、会場で体操が始まると、貴賓席の代表陣は眼下の青年たちに母国の若者の姿を見出し、あるいは声を上げ、あるいは立ち上がって拍手を送るなど、嬉しそうに身ぶりで応えたという。「仲良く肩を組んで強く伸ばし振られる四肢は、いま若きアジアの血潮をうつて一丸とし、ともに「撃ちてし止まむ米英」の気魄をたぎらせるものだった」（『朝日新聞』一九四三年十一月八日）。

この日、会場で東條が述べた激励の言葉には、戦時下における明治神宮および明治神宮国民錬成大会に課せられた役割が、如実に示されているように思われる。少し長いが貴重な記録として引用する。

本日は此の明治神宮の神域に於きまして、大東亜会議に出席せられましたる大東亜諸国の各代表閣下を始め多数の閣下各位の御列席を得たのであります。然も本大会には大東亜各国より選出せられたる代表が相共に一体となつて、其の技能を発揮することになつて居るのであります。斯の如きは明治神宮国民錬成大会始つて以来、初めての盛事であります。是れ洵に　明治天皇の御遺徳を顕彰し奉つて、大東亜戦争完遂、大東亜建設の堂々たる歩みを如実に示すものでありまして、私は諸君と共に感激特に大なるものがあるのであります。此の深刻なる決戦下にも拘らず本大会を開催せられました所以のものは、日本国民の烈々たる必勝の信念と強靭なる闘志とを、演技を通じて愈々昂揚すると共に、之を中外に闡明せんとするに在るのであります。而して諸君の示さるる堂々たる演技に依つて、必ずや大東亜各国代表の閣下並に各位は、帝国のゆるぎなき底力を現実に諒得せらるることを、私は確信致すものであります。

ここにおいて、明治神宮大会は演技を通して国民の戦意を昂揚し、大東亜戦争の完遂および大東亜建設への歩みを進める機会として、そして、明治神宮の神域は帝国のゆるぎない底力を中外に示し、もって明治天皇の御遺徳を顕彰する場として、はっきりと位置付けられている。東條をはじめとする日本政府が、大東亜会議の参加者たちを明治神宮の内外苑へと導いた理由はこのところにあるだろう。

監視下におかれた戦時下のタタール移民

それでは、亡命タタール人はどうなったか。

一九三八年に国外追放となったクルバンガリーは、再入国を試みるも叶わず、以後日本の土を踏むことはなかった。一方、クルバンガリーに代わって在日タタール人の統率者となったイブラヒムは、一九四四年八月三十一日、東京の自宅で息を引き取る。亡くなる前に「私はムスリムだ」という言葉を三度繰り返したという。

戦時下のタタール人たちは、無国籍の旧露国避難民として政府の監視下におかれていた。

二〇一五年（平成二十七）、筆者は当時のことを知る人物に話を聞く機会があった。

——私は、トルコ人じゃない、タタール人だよ。

回教徒の明治神宮献木についても、親から話を聞いたことがあるというラマザン・サファさんに、最初に注意されたのが、このことだった。一九三八年十二月生まれのラマザンは、当時七十七歳。日本で生まれ育った、在日タタール人二世である。

ラマザンの父、アイナン・サファは一八九八年、ウラン山脈の西にあるロシアの都市ペルミで生まれた。ロシア革命では、クルバンガリーとともに反革命軍に身を投じ、命からがら敗走した。ロシアを発つ列車の下側に捕まって、なんとか満州へと亡命したという。日本に渡ってきたのは一九二六年のことだ。

——父は宗教家の家に生まれたから、神様はイスラームとキリスト教で違うけれども、革命軍ではなく王様（ツァーリ）の方についたんだ。

ラマザンは、ロシアでも日本でもクルバンガリーと命運をともにした父親に倣い、自らをイスハキー派ではなくクルバンガリー派の流れを汲む者だと位置づけている。トルコ人じゃない、自分はタタール人だという発言も、ここにつながっている。

戦前、無国籍だった在日亡命者にトルコ国籍を取得させようとしたイスハキーとは対照的に、クルバンガリーはむしろ反共・反ソの点で白系ロシア人と結びついたという事情もあった。

アイナン・サファ一家は来日後、上野御徒町の長屋に居を定める。日本に移り住んだタタール人の多くがそうであったように、アイナンも羊毛の羅紗売りとして行商を生業にした。そのかたわら、在京タタール人の礼拝では、イマームであるクルバンガリーの補佐役（ムアジン）を務め、クルバンガリーの追放後もモスクを預かってきたのだ。

サファ一家が、御徒町からモスクがある代々木上原に移ったのは戦時下のことだ。

――御徒町で焼かれて、逃げた先の渋谷でも空襲にあって。二回焼かれたあと軽井沢に行ってね。

戦時下、無国籍のタタール人は旧露国避難民として外事警察の監視対象となった。そのため日本を離れる者もあったが、一九四三年の時点で少なくとも三十八家族百四十三名のタタール人が東京に在住していたという。しかし、戦争が激化する一九四四年ころ、彼らは駐日外国人として強制疎開の対象となり軽井沢へ移動させられた。

――強制疎開で。

とだけ、ラマザンは言った。その内実を知ったのは、後日ラマザンの兄弟について書かれたものを読んでからだ。

「蒼い目の日本人」

ハンナン・サファァ。芸名をロイ・ジェームスという。ある年代以上であれば、べらんめえ調の日本語が達者な白人タレントを記憶されている方も多いだろう。彼は、プロレスラーのユセフ・トルコ（本名ユセフ・オマル）とともに、最もよくその名を知られた在日タタール人の一人である。そして、ハンナンはサファ家六人兄弟（幼少時に二人死去）の長男にあたる。

一九八二年、五十三歳でこの世を去ったロイ・ジェームスと親交があった作家、山口瞳は「蒼い目の日本人」と題した追悼文を残した。山口はロイに対して、言うに言われぬある種のうしろめたさを感じていたという。

「戦時中、外国人は、強制的に軽井沢に集合させられていた。おなじ外国人でも、ドイツ人イタリヤ人は扱いが違う。ロイ・ジェームスはトルコ人《ママ》だった。少年であったロイは、軽井沢の駅で（通）の仕事を手伝わされた。日当はパン一斤である。（通）の仕事のないときは草軽電鉄に乗って山へ入り、樵の仕事をやらされた。薪を造るのである」。

（通）とは鉄道荷役の作業を指す。

山口はまた、軽井沢へ集合させられる前に、ロイとその父親の身に起きた「もっとひどい」体験についても記している。親子は焼け出された御徒町から代々木上原へと引越しの途中、軍人会館に連行されたのだという。地下室では荒縄で逆さに吊られて竹刀で殴られた。

目が蒼いために、彼は何度も殺されかかったのである。私もそのなかの一人だったと思わないわけにはいかない。彼が、あんなに日本人を愛した訳が、私にはわからない。

戦後は在日ムスリムのまとめ役

一九四五年夏、軽井沢から戻ったサファ家を含むタタール人は、代々木上原の回教学校校舎を住処にして、戦後を始めることになった。その後、無国籍だった在日タタール人が国籍を取得したのは、一九五三年のことだ。サファ一家も、この時、トルコ国籍になった。冷戦下、トルコ政府はこれまでの方針を転換し、海外に在住するトルコ系の人々にも国籍の付与を認めたのだ。日本を離れる同胞も多いなか、サファ一家だけは回教学校の一角に住み続けた。

父アイナン・サファは、宗教者として在日ムスリムのまとめ役となり、一九六九年から十年間、モスクの五代目イマームも担った。一九八四年没。多磨霊園外国人墓地の一角にあるムスリム墓地に葬られた。

現在、クルバンガリーやその流れを汲むタタール人の存在を知る者は少ない。西山克典氏はその要因の一つに、戦後の日本人イスラーム研究者が、国策と結びついた戦前の対回教政策をタブーとし、在日タタール人の歴史に触れるのを避ける傾向があったことを指摘している。このあたりは、大東亜会議を「傀儡政権の代表を集めた茶番劇」として、歴史に蓋をしてきた事情とも共通するところがありそうだ。

ここまでタタールの民族主義者と大東亜会議に集ったアジア解放の運動家たちを通して、

昭和十年代の日本をふり返ってきた。

紙幅の都合で触れることができなかったが、同じ時代、頭山満をはじめとする日本のアジア主義者たちも、足しげくこの森を訪れた。クルバンガリーだけではない。汪兆銘や二人のボースたちも頭山が深く交わった人物だった。

渋谷常磐松の自宅から日参し、拝殿下で下駄を脱いで敷石に平伏する頭山の姿は、参拝者たちの印象に深く刻まれている。

ある早朝、拝殿の石畳に、平伏して動かぬ老人を見かけた私は、石段をおり、その老人の立ち上るのを待った。その方は、頭山満翁であった。翁の礼拝の姿の厳粛さに打たれた私は、機を得て翁の知人に伺ふと、「頭山翁が、明治神宮に参拝されると、翁の前に、明治天皇のお姿が浮んでくる。お姿が浮んでくると、翁はその場に平伏され、天皇のお姿が消えるまで、その姿勢を崩さないのだ」といふことであった。それは十年春のことである。（廣瀬栄一「明治神宮と私」『明治神宮五十年誌』）

亡命、追放、投獄、収監……と、現在の明治神宮からは連想がつかない文字が多い章になった。しかし、確かに彼らアジアの志士たちは、戦時下のこの森を駆け抜けていった。「明治」につながれ、「東洋の解放」をめぐって交錯した人間模様を、この森は知っている。

1945｜敗戦と明治神宮

社殿炎上

一九四五年（昭和二十）四月十三日午後十一時零分、帝都東京に空襲警報が発令された。

翌十四日午前二時二十三分にその警報が解除されるまでの約三時間二十分、市街には約百七十機のB29が来襲する。十四日午後四時の大本営発表は、明け方に見舞われた「市街地無差別爆撃」を伝え、さらに次のように続けた。「右爆撃により宮城、大宮御所及赤坂離宮内の一部の建物に発生せる火災は間もなく消火せるも、明治神宮の本殿及拝殿は遂に焼失せり」［図1］。

当夜、鷹司信輔《たかつかさのぶすけ》第五代宮司をはじめとした神職のほか、守衛および林苑の技師らが総出で消火にあたった。その数、総勢三十二名。さらに、渋谷・目黒・世田谷の各消防署から合わせて二十四隊、軍隊も将校以下七、八百名が、師管区司令官の命により駆けつけている。近隣からは、地元住民が組織する警防団の団員五十余名が、明治神宮に馳せ参じた。

図1　空襲で焼失した明治神宮社殿　明治神宮所蔵

十四日午前零時四十分。
敵機、低空を神宮上空に進入せり。と見る間に、大爆音。瞬時にして焼夷弾が多数落下し、社殿各所から火焔が上がる。一旦は初期消火に成功したかに見えたが、延焼の火の手が本殿から拝殿全面に廻り、猶予ならざる状況に至った。

午前一時。ここにおいて、かねてより本殿から宝庫へ遷していた御霊代を、さらに宝物殿へ御動座することが決まった。既述のとおり、神宮では不測の事態に備え、一九四二年（昭和十七）に本殿脇に宝庫を新設していた。その耐火設備に不備はなかったが、それでも動座を決意したのは、「猛火の裡《うち》に（御霊代を）奉安し置くことは頗《すこぶ》る恐《きょう》懼《く》と不安に堪へない」という思いからだったという。

一時二十分。鷹司宮司以下神職八名は、宝庫からの遷座を奉仕。広い芝地を挟んで社殿の北方に位置する宝物殿まで、距離にして約六百メートル。遷御の列は、深夜の苑内小径を進む。館内中央の中倉に無事御動座が成った。

時は一時三十九分。ほぼ同じころ、猛火に本殿がついに再炎上する。

一九二〇年（大正九）の鎮座以来二十五年。建築家・伊東忠太らの手により造営された総ひのき流造の本殿および拝殿は、この日またたく間に灰燼《かいじん》に帰した。後日の調査によれば、明治神宮境内を襲った焼夷弾は、この日だけで一千三百三十発におよんだという。その内、少なくとも二百発内外が本殿・拝殿を中心に投下されたものだった。

十四日未明の空襲に引き続き、十五日夜半にも明治神宮は大規模な空襲に見舞われる。二晩明けて十六日、御祭神の御霊代は宝物殿への一時避難から、再び宝庫へと奉遷された。以来終戦後の一九四六年五月に、ささやかな本殿と拝殿を備えた仮社殿が完成するまで、御霊代はこの宝庫に奉安されることになる。

「神道指令」の発令

社殿を焼き尽くした四月の空襲から一か月半。鎮座地渋谷の街もまた火の海と化した。五月二十五日午後十時二十二分、前夜に引き続いての空襲警報発令。二百余機のB29による襲撃で、渋谷だけで死者九百名、全焼家屋は二万八千戸に及んだ。これが「山の

図2　社殿を失った代々木の森全景　明治神宮所蔵

手大空襲」だ。この空襲を生きのびた方々の証言が、現在、『表参道が燃えた日——山の手大空襲の体験記』として地元有志の手によりまとめられている。

この晩、明治神宮の森も多くの人の避難の場となった〔図2〕。

八月十五日正午。終戦の詔《しょう》勅《ちょく》の放送を、鷹司宮司以下神宮職員は焼失した社務所の代わりに使用した宝物殿事務室の廊下に整列して謹聴《きんちょう》した。この日の午後、閉ざされた南神門の前にはひれ伏し謝す人々が絶えなかったという。九月二日、東京湾上のミズーリ戦艦上で降伏文書の調印式が行われ、日本は直ちにアメリカを中心とする連合軍の占領下に入った。

一九四五年十二月十五日、連合国軍総司令部(General Headquarters, Supreme Commander for the Allied Powers、以下GHQ/SCAP)から日本政府に対する覚書として、「神道指令」(国家神道、神社神道に対する政府の保証、支援、保全、監督並に弘布の廃止に関する件)が発令される。神道指令の目的は、日本における信教の自由を確立するため、神社神道を国家から分離し、その「軍国主義的ないし過激なる国家主義的イデオロギー」を剝奪《はくだつ》することにあった。具体的に、神社神道に対する公的な財政援助の停止、官公立学校での神道的教育の廃止などが命じられている。これをうけ日本政府は、伊勢の神宮や明治神宮に対する遥拝の取り止めを指示。

十二月二十八日に制定された宗教法人令は、翌一九四六年二月二日に神道指令を勘案して「神社(神宮を含む)」を対象に加えた法令として改正された。翌日二月三日、全国の神社を包括する宗教法人として「神社本庁」が新たに設立を見る。

この本庁に、明治神宮が一宗教法人として「神宮規則」を届け出たのが、五月十三日のことだった。

「PWC115」

GHQによる「神道指令」が戦後の神社界のみならず日本の宗教事情に大きな影響をおよぼしたことは、あまたの先学が論ずるところだ。もちろん、明治神宮もその例外ではない。

次章以降、終戦後の時代に踏み入る前に、ここで「神道指令」発令前夜にさかのぼり、占領する側とされる側、それぞれの立場で明治神宮の戦後がどのように論じられていたのか、確認しておきたい。そこに、議論されたが実現しなかった「あったかもしれない明治神宮」像がいくつか見えてくるからだ。

まず、一九四五年以前の戦中期に米国で作成された対日占領政策に「明治神宮」の名前が登場するということ。

降伏後の日本における信教の自由のあり方について、その基本方針を示した「ＰＷＣ１１５」と称する文書がそれだ（中野毅「アメリカの対日宗教政策の形成」）。

米国国務省では、太平洋戦争勃発後の早い時期から、戦後計画の検討が開始されていた。ＰＷＣ＝Committee on Post-war Programは、米国国務長官を中心に構成された組織で、宗教のみならず政治、経済、教育など、多方面にわたる対日政策がここで策定されている。政策の原案は、国務省内にいる知日派の専門家が作成し、それがＰＷＣの委員会に提出され、審議のうえ承認に至る。先ほどの「ＰＷＣ１１５」は、その知日派プランナーたちが一九四四年三月十五日付で提出した草案を、委員会が四月十四日に承認した文書で、戦後神道の取り扱いをめぐる「神道指令」のベースともなった基本方針だ（『近代神社神道史』）。

文書ではまず、全国に約十万あるという神社を次の三つのカテゴリーに分類する。

このうち最初の二つは、それ自体有害なものではないが、三つめは「国家主義的軍国主義的な英雄に対する崇拝」であり、「戦闘的国民精神の涵養のために祀られた国家主義神社（nationalist shrine）」であって、「世界の平和に対する危機の根源」のひとつである、とその問題点を指摘している。

実は明治神宮が登場するのは、この三つ目のカテゴリーだ。

（1）古代的起源にもとづき、地方の守護神を祀った大多数の神社
（2）伊勢の大神宮のごとき少数の古代的宗教の神社
（3）靖國、明治、乃木、東郷、その他の国家的英雄を祀る近代的神社

ＰＷＣ文書は続けて、このうち最後にあげた種類の神社は、日本政府も国家神道は宗教ではないとこれまで主張してきたわけだから、信教の自由の原則を犯すことなく閉鎖（close）することが可能であると、神社の廃棄にも言及している。

しかし、この分析を踏まえたＰＷＣ１１５後半の「勧告」部分では、第三のカテゴリーの神社であっても、公共の秩序と安全に反しない限り、個人の信仰のために公開存続が許されて然るべきであると進言する。なぜなら、強制的閉鎖は日本人の反感を買い、かえってその信仰を強めるおそれがあるからだ、と立案者は根拠をあげる。

一方では古代的な神社と国家主義的な神社を厳然と区別し、後者の閉鎖についてその

妥当性を示しながら、他方で存続を認めたほうがよいと勧告する。このあたり、PWC115の文書は回りくどく、文脈をたどるのが難しい。その理由はどうも、立案した知日派プランナーたち（G・H・ブレイクスリー、H・ボートンなど）が、国務省内の対日強硬派に配慮した結果にあるようだ。

というのは、彼らが作成した天皇制存続を唱える計画もまた、廃絶を強く求める強硬論者の反発にあい、持論を追求しつつも譲歩を余儀なくされた背景があるからだ。その経緯は、米国の対日占領政策を詳細に検証した五百旗頭真氏らの研究に詳しい。

まず、天皇制をめぐる「持論の追求」とは、制度の廃止を外部から強制することへの反対論に集約される。「日本国民は、現在のところ、ほとんど熱狂的な崇拝を、その君主にささげている」。無期限の日本占領を行う以外に天皇制を廃止することは難しいだろう。であるなら、日本軍部による天皇制の利用を排除することで、制度の改革に資する政策をとることが望ましいというのが、立案者らの主張だった。

しかしながら、「もし占領の結果、日本全国に天皇制廃止の強い運動が生じ、拡がる場合には、天皇制を終滅させる方向に沿った政策を追求するものとする」。

ここで、知日派は強硬派に配慮し、占領下天皇制の取扱いには全面的停止、全面的継続、部分的停止の三つの選択肢があることをまず提示し、そのうえで、望ましい方針を政府に進言するという方法をとった。そこで彼らが勧めたのが、天皇の権限を部分的に停止するという三つ目の案だった。五百旗頭は、この部分的停止案について、日本派の理想案ではなく、政府に採択してもらえる範囲を配慮しての、あらかじめの妥協案にほかならなかったと指摘し、プランナーにとっては天皇制の存続という一線さえ守れるなら、どのような「改革」であれ、うけいれるほかはないとの判断によるものだったと考察している。

同じように、知日派プランナーによる持論の追求と妥協を経た産物こそ、ＰＷＣの神道政策ではなかったかというのが筆者の推論だ。「持論の追求」とは、古代起源であれ近代起源であれ、神道を宗教の範疇と考える限り信教の自由の原則を当てはめるべきだということ。しかし、強硬派が神道と軍国主義との結びつきを非難するのに考慮して、知日派の立案者は神社を三つに分類し、特に三つめは国家主義的神社として廃棄も可能であると「妥協」する。そうすることで、少なくとも神社の大部分を占める古代的神道には手をつけるべきでないと訴えるところもあったのではないか。その意味で、この神道政策も、全面的停止、全面的継続ではなく、第三の方策として部分的停止を模索したと解することができるかもしれない。

ＰＷＣ１１５で第三種に分類された明治神宮は、知日派プランナーの理想では信教の自由の範疇で存続すべき存在ではあったが、その立ち位置は非常に微妙なところにあった。

揺れ動いた戦後の神社界

結局のところＧＨＱの神道指令で、明治神宮は「国家主義神社」として閉鎖を命じられることはなかった。そこで、全国の神社を包括する宗教法人「神社本庁」の一員として、戦後の出発を果たしたことは先に述べたとおりだ。

では、ポツダム宣言受諾から一九四五年十二月十五日の神道指令発令までの四か月間、日本側とＧＨＱとのやりとりはどのようなものであったか。ここにもまた、検討されたが実現しなかった「あったかもしれない明治神宮」の姿が浮かぶ。

一つには、皇室所管の神社としての明治神宮、次に、神社教という新しい団体に加盟する神社としての明治神宮、ということになるだろうか。この時、明治神宮の命運のみならず、戦後の神社界そのものが揺れに揺れていた。以下、時系列でみていきたい

占領軍が神道指令の構想を練る段階で、日本側から対策を講じたのは、政府としてはまず神祇院《じんぎいん》であり、そして外務省外局の終戦連絡事務局だった。また、神社関係の民間団体としては、皇典講究所・大日本神祇会・神宮奉斎会の三団体がその中心を担った。

神祇院が制作した神道に関する国家方針である「神社制度刷新要綱」（一九四五年十一月二十日）が閣議決定を見ると、終戦連絡事務局はこの決議をもとに「神社問題対策」（十一月二十七日）を作成し、ＧＨＱと交渉。その結果が、神社界による神社本庁設立、すなわち「神社本庁庁規」の決定（一九四六年一月二十三日）につながることになる（『神

道指令と戦後の神道』)。

しかし、実際のところ、神祇院による事態の見通しは甘く、対応も遅れがちであったのに対し、現実への厳しい展望を持って対応策を講じたのは、民間神社人だった。名をあげれば、皇典講究所専務理事の吉田茂、神宮奉斎会の宮川宗徳、そして、戦後神道界の大きな精神的支柱となった神道家の論客、葦津珍彦《あしづうずひこ》がその主導的な役割を果たした。

神社は、国家の宗祀であり続け得るか、否か。

ポツダム宣言に続き、十月六日には米国国務省極東部長ジョン・カーター・ヴィンセントが「国教としての神道を廃棄せしめる」という見解を公表するに至る(『神祇院終戦始末』)。これを受け、神社界の首脳陣らは三会協同の会合を開き、政府に頼らず合同で運動すべきことを確認しあう(十月二十五日)。

この神社関係の民間三団体による活動体が、後に神社本庁を立ち上げる際の母体となっていく。

宮内省管轄という選択肢も

明治神宮は皇室にゆかりの深い神社として宮内省(庁)の管轄となりうる——。

このような未来像は、日本側で真剣に検討された選択肢の一つだった。神社人自身が、「伊勢神宮とその他いくつかの勅祭社」を、一般の神社と切り離して存続させようと考えていた。そして、GHQ側もこの案を考慮していたという。日本側がその具体案を示し、GHQ担当者との交渉が行われ、そして、この案そのものを日本側が放棄するという目まぐるしい過程はすべて、この年の十月から十一月の間に起きている。

先述の十月二十五日の三会協同の会合では、葦津珍彦が「神社制度変革に対する私見」を提示していた。すなわち、伊勢の神宮をはじめ従来の勅祭社はもとより官国幣社、特に皇室との縁が深い神社（天皇および皇族の祖先を祭神とする神社など）を数十社選び、宮内省の所管とすべきであるという主張だ。これらの神社は皇室との結びつきを優先し、一方、他の十万余社は新たな民間法人組織として存続を維持すべし。

この葦津案が、神社三団体共通の希望となった。同時に、政府の側でも終戦連絡事務局が、この十数社について具体的な社名をあげて対策案を作成していた（同前）。

一、皇室の祖廟として、神社が一般宗教となりし場合、区別し得べき神社

第一類　神宮

第二類　熱田神宮

第三類（日向三代奉祀神社）霧島神宮、鹿児島神宮、鵜戸神宮

第四類（天皇奉祀神社）橿原神宮、近江神宮、平安神宮、吉野神宮、明治神宮

第五類（慰霊的天皇奉祀神社）白峯神宮、赤間神宮、水無瀬神宮

ここにおいて明治神宮には、一般宗教としての神社と区別した「皇室の祖廟」として

生きる道が示されていた。

では、日本側はなぜ、この提案を取り下げるに至ったか。

後年、葦津は「皇室所管か民間宗教か　GHQ二者択一を厳命す」と題して、当時日本側が「急転回」した顛末をふり返っている。

「……GHQの態度には神社側を困らせる明確な一条件があった。神宮を民間の宗教団体と区別したいなら、それもいいだらう。しかしそのさいには、神宮は皇室の廟と見るべきだから、一般人民の崇敬や参拝は一切禁ぜられる。といふのである。これは困る。神宮は、皇室の祭祀の場ではあるが、国民大衆の崇敬の集まるところでもあるのだ」（『神社新報』一九六四年三月二十一日）。

皇室とゆかりある神社を別扱いとするのであれば、民間の宗教とは見なされないので一般の参拝は認めない。これがGHQの態度だった。そこで、葦津曰く「忍びがたきを忍んで、御上のお許しをえて、国民の信仰をつづけ得る道を選ぶ外ない」。これが日本側の方針となったのだ。

神社界でも意見が二分

戦後の神社は、内務省・宮内省いずれの国家行政からも離れ、新しい団体として存続するという方向性が確認された。以後、具体的な組織づくりは民間三団体の仕事となる。神社本庁という、今に続く包括宗教法人の原型はこの時に作られたものだ。

しかし、事態はスムーズに運んだわけではない。新しい宗教団体としてのあり方をめぐって、神社界でも意見が二分したからだ。それが、神社連盟案対神社教案という二つの団体案の対立だ。どういうことか。

今日の神社本庁につながる神社連盟案を主張したのが、葦津・吉田・宮川ら首脳グループであったのに対して、神社教案はおもに神職からなる大日本神祇会が中心となって作成した案だ。また、戦前に教派神道十三派の一派で神道大教に関わっていた市川豊平のような人物も、この神社教案を支持したという。彼らがまとめた「神社教（仮称）教規大綱」案は、その総則が「一、本教は神社教と称す」で始まる。

さらに、教義を定め、管長を置くことを規定していることからもわかるように、これはまさに神道を教団化し中央集権的な組織を目指すものだった。カトリックがローマ法王を頂点に戴くように、伊勢神宮の大宮司を管長と仰ぐ神道教団の一員。これが、あったかもしれない、もう一つの明治神宮のイメージだ。

しかし、葦津珍彦らはこの神社教案を「神社の本質に背反する愚案」であるとして、厳しく反論した。その理由は次の三点だ（葦津珍彦「神社教案ニ反対ス」）。

第一に、神社神道には固定的成文的な教義や定義のないことが大切な特色であり、皮相浅薄な教義を規定するが如きは、「惟神の大道」に対する冒瀆であること。

第二に、神社はあくまで全国民的なものであり、神社が自らを仏教やキリスト教などと同様に宗団的存在と化し、他宗派の国民と対立することは神社の本義に反すること。

第三に、全国の各神社は本来それぞれに独立した存在であり、伊勢の神宮の分社であったり、本山・末寺のような関係にあるものではないこと。
きたるべき神社連盟とは、強権的・中央集権的組織ではなく、各神社の独立性を尊重するものでなくてはならぬ、というのが彼らの主張だった。

神道指令発令前夜の神社界で、「神社の本質」をめぐり激しい議論の応酬があったことは記憶されるべき事実である。

明けて一九四六年。明治神宮では、国の管理から離れ一宗教法人として再出発するにあたり、連日議論が重ねられていた。なかでも重要な会議となったのが、二月十五日に開かれた「明治神宮の将来に関する懇談会」だ。出席者には、一九二〇年の鎮座時から明治神宮を支えてきた宮地直一、吉田茂ら十二名の斯界関係者と鷹司宮司以下職員七名が名を連ねた。当日の議題を見れば、いかに「明治神宮の将来」に課題が山積していたのかが明らかだ。

一、社頭（祭祀・参拝・授与品）に関する件、二、御神徳発揚に関する件、三、年中行事に関する件、四、建造物に関する件、五、境内（境内地・林苑）に関する件、六、崇敬者団体（機構組織・運営）に関する件、七、外苑（機構組織・運営）に関する件……。

いったい、どのような将来が明治神宮を待ち受けていたのか――。

第三章　スポーツの戦後と外苑の行方

――占領者たち

1、明治神宮とGHQの人々

内苑に米軍の歩哨立つ

――本日は終日の降雨と南参道よりする参拝者の米軍歩哨《ほしょう》阻止により、参拝者極めて少く僅に五十四人なりき。

一九四五年（昭和二十）十月のある日の『社務日誌』だ。

明治神宮では終戦後の九月から、原宿駅に近い南参道入口に進駐軍の衛兵が立つようになった。その後、十月十五日には北参道、翌年五月には、西参道および第三鳥居の前にも歩哨が立つに至る。これは、「米軍は宮城・離宮、その他皇族方御邸宅及明治神宮・靖國神社・乃木神社・東郷神社・泉岳寺、その他の社寺に対し侵入、占領、破壊、冒瀆等の行為をなすべからざること」という、連合国軍総司令部（GHQ／SCAP）総司令官マッカーサーの特別命令（九月九日付）によるものだった。

この米軍歩哨の設置は、進駐軍兵士の乱暴行為を阻止するためのものだったが、その姿に恐れをなした日本人も多かったことだろう。この時期には、参拝者の人影もまばらな日が多くあった。

同じころ、境内に隣接する代々木練兵場の広大な敷地は、米国駐留軍人とその家族のための団地「ワシントンハイツ」に姿をかえた。やがて、一九四七年に入り団地内に家族住宅が完成すると、進駐軍はハイツの家族と一般外国人が境内に参入するのを認めるよう求めた。明治神宮ではこれを歓迎し、英文掲示板を設置。また、鷹司信輔宮司の名義で司令部側と覚書を交わし、境内の貴重な自然環境について配慮を求めている。

「当神宮境内樹木の大部分は、御鎮座当時全国各地より奉納せられましたもので、各樹種に亘り其の数は拾数万本に及びます。今や此等の樹木が繁茂して、神厳静寂の境地を形成し、林間には四拾数種に及ぶ鳥類が棲息して宛《さなが》ら小鳥の楽園となつております」。

外国人参拝者に対して、鎮守の森の樹木のほかに「小鳥の楽園」への注意を促している様子が興味深いが、実は、第五代宮司の鷹司信輔は、「鳥の公爵」と知られる鳥博士でもあった。

一九一一年（明治四十四）、東京帝国大学に入学し、動物学を専攻した鷹司は、「飼い鳥」の研究で博士号を取得。日本鳥学会の設立にも関わり、一九二二年（大正十一）からは、同学会の第二代会頭を務めている。その鷹司が五摂家の由縁から宮司に就任したのは、戦局いよいよ厳しい一九四四年八月のことだった。

ちなみにGHQには、天然資源局野生動物課長として赴任したオリバー・L・オーステ

図3-1　GHQ 鳥類学者のオリバー・L・オースティンと鷹司信輔明治神宮第５代宮司　フロリダ州立大学所蔵オースティンコレクション

ィンという鳥類学者がいたが、フロリダ州立大学が所蔵するオースティンコレクションには、明治神宮で撮影した鷹司宮司とオースティンの写真が残されている［図３－１］。

この覚書を交わした後、一九四七年十一月末に米軍の立哨が全廃された。しかし、その後も連合軍兵士やその家族が苑内の樹木を伐り倒したり、制止をふり切って自動車で乗り入れるなどのトラブルがあり、明治神宮では鷹司宮司名でＧＨＱに取締り方を要請した様子が記録に残っている。

外苑の全面接収

一方、神宮外苑では早くも一九四五年九月四日、連合国軍の兵士十名が検分に訪れている。同月十五日早朝、外苑競技場へ約五百名が進駐を開始、絵画館前にも歩哨が立った。中央広場の陸軍陣地跡は、機動部隊によりただちにブルドーザーで整地され、ダークグリーンのカマボコ型宿舎が設営された。そして、九月十八日、憲法記念館（現・明治記念館）を除く神宮外苑の敷地と施設は全面的に接収され、米国第八軍スペシャル・サービス局の管理下に入った。同局は、占領軍兵士のため娯楽施設の接収・整備・運営を担当した部署で、外苑接収の目的は進駐軍の「スポーツセンター」に充てることだった。

神宮球場は「ステートサイド・パーク」と名を改められ、進駐軍の専用野球場として使用されることになった。競技場は、接収直後は軍用資材集配ターミナルに使われたが、その後、軍専用のグラウンドとなり「ナイルキニック・スタジアム」と改称された。さらに、神宮プールは白人専用プールとなり、相撲場はリングを仮設してボクシング場（「メイジボウル」と呼称）に衣替えした。

造成が進められた中央広場では、一九四六年七月四日、米国独立記念日を祝ってカーニバルが実施され、以降、接収中は毎年行われたという。この時、外苑の中央には「自由の女神」が建ち、絵画館前の広場がカーニバルステージと化した［図3-2］。このような状態は、一九五二年三月、日本が独立を回復し、占領軍が接収を解除するまで続くことになる。

本章では、占領期における外苑の七年間とスポーツの戦後に議論の焦点をしぼりたい。

図3-2　GHQにより接収下の外苑に建てられた自由の女神　明治神宮外苑所蔵

進駐軍の接収下にあって、外苑は日本スポーツの復活を印象づける象徴的な場となった。一方で、占領解除後の敷地の扱いをめぐり、外苑そのものが世論を巻き込んだ係争の対象ともなった。

以下では、占領した側とされた側が、外苑とスポーツの前途をめぐりどのように交わったのか、異なる立場の複数の人物をとりあげ、その交錯のあり様を吟味する。

2、戦後スポーツの復活

球場、プール、競技場――蘇った外苑に響く歓声

一九四五年（昭和二十）十月二十八日。

接収下の神宮球場では東京六大学ＯＢの

紅白試合が行われ、ここに戦後野球のプレイボールを告げた。戦時中、神宮球場は東京都の貯蔵倉庫として使用され、スタンド下には配給用の薪炭や建築資材が積み込まれていた。それが一九四五年五月の山の手大空襲で、二日間にわたって燃え上がった。いまや、鉄筋コンクリート造りの巨体もむき出しの鉄骨が残るばかりという惨状だった。この日、その廃墟と化した球場に馳せ参じた多くは、戦場から帰還したばかりの復員選手たちだった。

さらに十一月十八日には、現役選手とOBを交えた戦後初の全早慶戦が実現する。球場は四万五千人を超える観客で埋め尽くされた。試合開始を告げるサイレンも焼失し使用不能であったため、慶應OBが消防自動車のサイレンを持ち込み、これを手回しで鳴らして、なんとか試合が始まったという。この日は、延長十一回、全慶應が六対三で勝利している。

早稲田で先発を務めた若原正蔵は、幾春秋行われてきた早慶戦のなかで、このオール早慶戦だけは勝敗も技量も全く超越したものだったと当時をふり返っている。「敗戦直後の混迷したあの時世に、なつかしい神宮球場でともかく野球ができたことを、選手、ファンはいうまでもなく、大げさにいえば日本中の人がどんなに喜び安心したことだったろう」（『半世紀を迎えた栄光の神宮球場』）。

これを契機として、翌一九四六年三月十一日に東京六大学野球連盟が復活を見ている。

学生野球復活の動きとともに、プロ野球においても日本野球連盟が復活し、一九四五年十一月二十三日、東西対抗戦が神宮球場で行われた。東軍は巨人・名古屋・セネタース、西軍は阪神・阪急・近畿日本・朝日で、神宮球場がプロ野球に開放された最初となった（山室寛之『プロ野球復興史』）。

そして、一九四九年十月、アメリカからサンフランシスコ・シールズが来日する。日本で大リーグ野球を見るのは、ベーブ・ルースやルー・ゲーリックが来日した一九三四年から、実に十五年ぶりのことだった。監督は、フランク・オドール。オドールは、一九三一年に全米選抜軍の選手として、さらに翌年には日本学生野球のコーチとして来日した経歴がある。今回の来日には、「日米親善のためだ、ギャラはいらない。選手は無料奉仕、ただし往復の飛行機代と日本滞在の費用だけは持ってもらいたい」、というオドール自身のなみなみならぬ熱意があった。シールズは四十日間の滞在の間、十一試合行い五十万人を上回る観衆を集めた。そのうち二試合が神宮球場で実施されている（池井優『白球太平洋を渡る』）。

これらの試合は、進駐軍の特別許可により実現したものだった、しかし、接収された外苑競技施設では当然ながら進駐軍の使用が優先され、日本側の使用許可がなかなか得られなかった。神宮球場をホームグラウンドとする六大学野球も球場確保に苦労し、後楽園や上井草などの他球場をさまよい転戦する時代が続くことになる。

外苑が戦後スポーツ復興の象徴となったのは野球だけではない。神宮プールもまた水泳日本の復活を国内外に知らしめる大きな舞台となった。

占領下の神宮プールは米軍とその家族専用となっていた。しかし、一九四七年八月二日から四日にかけて開催された第十五回日本中等学校水泳競技会から、競技大会に限って使用が許可されることになった。その五日後の八月九日、日本選手権水上競技大会四百メートル自由形で、四分三十八秒四という世界新記録を打ち立てたのが、後に「フジヤマのトビウオ」で勇名をはせる古橋広之進《ひろのしん》だ。

戦前の日米対抗をはじめ、数々の大レースが繰り広げられた神宮プールは、「日本のスイマーすべてのあこがれのプール」だったと古橋はいう。しかし、そのあこがれのプールで泳ぐことは占領軍によって阻まれていた。なぜ神宮プールを使わせないのか。それは、「アメリカの婦人や子供たちも来るプールに、ふんどし姿の日本人は不衛生で野蛮だ」という理由からだった（『古橋廣之進　力泳三十年』）。古橋は、配給の水泳パンツを大事に使い、大会ではふんどしの上から水泳パンツをはいてレースに臨んだ。

翌一九四八年八月にも、古橋は同じ神宮プールで、千五百メートル自由形で十八分三十七秒〇（六日）、四百メートル自由形でも四分三十三秒四（八日）という驚異的な世界新記録を樹立している。会場にはその雄姿を一目見たいと大勢が詰めかけ、入場できない数万の聴衆がプールを取り巻きひしめくほどだったという。

この大会は、日本水泳連盟会長・田畑政治が持ち前の負けん気で、ロンドン・オリンピックの水泳日程に合わせて開催したものだ。古橋の記録は、ロンドン五輪金メダリストの記録および当時の世界記録を上回るものだった。しかし、この快挙は、日本が国際水泳連盟を除名されていたため、幻の世界新記録となった。日本水泳連盟が世界復帰を認められたのは、翌一九四九年六月のことだ。

一方、アメリカンフットボールで日本一を決める東西対抗戦も、一九四八年一月十七日、神宮競技場（ナイルキニック・スタジアム）で復活を遂げている。日米開戦によりフットボールは、「敵性スポーツ」として競技そのものが禁止されていた。この記念すべき戦後初の対抗戦は、「ライスボウル」と命名された。これが今や正月の風物詩として定着した、アメフト日本一決定戦の記念すべき第一回大会となった。ライスボウルは回を重ね、二〇二一年（令和三）には七十四回目が開催されている。

野球、水泳、アメリカンフットボール――。

接収下の外苑で繰り広げられたこれらのスポーツには、日米双方でその復興に向けて尽力した人物がいた。ここでは三名をとりあげ、彼らを突き動かした原動力をたずねたい。

GHQの日系二世キャピー原田と日米野球

戦後、GHQの側で野球の復活、とりわけ日米野球の再開に深く関わった人物がいる。

GHQの経済科学局（ESS）に属し、局長であるウィリアム・マーカット少将のもとで副官を務めた原田恒男、通称キャピー原田中尉だ。

原田恒男は、一九二一年（大正十）、カリフォルニア州サンタマリア近郊で、父常ヱ門と母クニの次男に生まれた。原田家が和歌山県からアメリカに渡ったのは、日露戦争が始まった一九〇四年（明治三十七）のことだ。恒男は、日系二世にあたる。夫妻は農地を切り拓いて野菜を育て、五男三女に恵まれた。家族とともに貧しいながら農園を支えた原田青年が、日本による真珠湾攻撃を知ったのは、ハンコック・カレッジに通う二十歳の時だった。

一九四一年末、日系人排斥が一段と厳しくなるなか、原田は志願兵としてアメリカ陸軍に入隊することを決意する。その心境は複雑だった。

「私は苦しい立場に立たされています。父は日本人であり、私も日本人の血が流れています。アメリカと日本が戦争をするのは残念です。しかし、私はアメリカ市民です。それほどたいした存在ではないにしても、ここまで私を育ててくれたアメリカに感謝しています。これから先はどうなるかわかりませんが、私は軍隊に志願したいと思います」（キャピー原田『太平洋のかけ橋　戦後・野球復活の裏面史』）。

戦時中、原田恒男は日系二世で編成された情報部隊の一員として南方作戦に参加し、日本軍捕虜の尋問や遺品からの情報収集に従事。終戦後、GHQ経済科学局の任につき、東京入りしたのが一九四六年四月のことだった。当時、球場の使用問題のため占領軍との折衝に奔走した鈴木龍二（後にセントラル・リーグ第三代会長）は、原田が果たした功績について次のように回顧している。

「とにかく当たってくだけるという気持ちで司令部を訪れて行った。このとき司令部の窓口になったのがキャピー原田中尉であった。原田氏は、経済科学局長マーカット少将の副官であったが、原田氏がいたことで、われわれはどれほど助かったか計り知れない。後楽園球場の接収解除を初め、プロ野球の復興に対して、非常な好意を示してくれた。占領政策として野球を奨励しよう、という司令部の意向があったにしても、原田氏の好意がなければ、あれほどスムーズに復興は成らなかったろう」(同前)。

原田が所属した経済科学局は、日本経済の復興を目的としており、スポーツを通じた経済振興にも力を入れた。特にマーカット少将は、無類の野球好きで知られた。原田自身、アメリカでは野球少年だった。経済科学局ではメンバーが集まり、日比谷公園でソフトボールに興じることがあったが、少将はセカンドを原田はショートを守ってコンビプレーを発揮したという。

その二人が組んだ野球の復興政策は、球場の接収解除に留まらなかった。大阪スタヂアムの建設を許可し、建設用の資材を確保したのも彼らであるし、一九四六年八月十五日、戦後初めて開催された全国中等学校優勝野球大会では、アメリカから取り寄せたボールを各チームに贈り、その出場を祝っている。なかでも、一九四九年十月に実現した前述のサンフランシスコ・シールズ来日試合は、二人の奔走により開催された戦後初の国際試合となった。

日米親善を目的としたこの事業で、アメリカ側の実行委員長を務めたのがマーカット少将、日米間を軍用機で行き来して実務を担ったのが部下のキャピー原田だった［図3－3］。

図3-3　サンフランシスコ・シールズのフランク・オドール監督と交歓する天皇、皇后両陛下。左端がキャピー原田（1949年10月30日、外苑野球場）　キャピー原田『太平洋のかけ橋』（ベースボール・マガジン社、1980年）所収

原田は、一九五一年にもニューヨーク・ヤンキースのジョー・ディマジオを中心としたオールスター・チームの来日を実現、アメリカ陸軍退役後は読売ジャイアンツの国際担当として、長く日米双方の野球界に尽くした。二〇一〇年（平成二十二）没。享年八十八。

アメリカンフットボールの父、宣教師ポール・ラッシュ

GHQでは経済科学局のほかにも、スポーツを通じて日本の復興を目指した人物がいた。

GHQ参謀第二部の管轄下、民間諜

報局（CIS）の将校だったその人物は、着任直後の一九四五年十二月、親しい新聞記者を集めて次のような声明を発表している。

私は、若者の再教育とスポーツに取り組むことこそが、日本が再び国際社会に復活するためのキーワードであると確信している。……日本人にとって、米国人を理解する方法の一つはアメリカンフットボールが一番の贈り物だと考える。ラグビー同様、フットボールが神宮や後楽園のスタンドを埋め、そして国内に広く発展する日の近いことを信じている。そうなれば、若人は再び幸福で希望に溢れる日本を取り戻すことができるであろう。（井尻俊之・白石孝次『1934フットボール元年』）

アメリカンフットボールを通じた日米親善。このことに生涯をかけたのが、米国聖公会の宣教師ポール・ラッシュだ。ラッシュと日本の縁は、一九二五年にさかのぼる。

ポール・ラッシュは、一八九七年、米国インディアナ州フェアマウントで、米国聖公会の牧師の家に生まれた。中学卒業後はビジネス・スクールに入学。将来はホテルの支配人になりたいという夢を持っていた。そのラッシュに日本行きの話が舞い込む。それは、関東大震災で破壊された東京と横浜のYMCA（キリスト教青年会）会館を再建するために働いてもらえないかという要請だった。これが一九二五年のことだ。

当初の滞在は一年の予定だったが、立教大学から教授就任を依頼され帰国を取りやめる。ここから終生にわたる日本との付き合いが始まる。ラッシュが教える経済学と商業英語は創意工夫に溢れ、学生に好評を博した。彼が寝起きした大学宿舎の五番館は、ラッシュを慕って集まる学生で絶えず賑わったという。その影響力は、教室内にとどまらず学生生活全般におよんだ。

その一例が、アメリカンフットボールの普及だ。

一九三四年十月二十八日、立教大学五番館に関係者が集まり、東京学生アメリカンフットボール連盟が産声をあげた。初代理事長に就任したのがポール・ラッシュ、加盟したのは創部直後の早稲田、明治、立教の三大学だった。その翌月、誕生したばかりの連盟が日本で初めてゲームを開催したのが、ほかならぬ外苑の競技場だった。十一月二十九日、アメリカの感謝祭の日のことだ（『限りなき前進　日本アメリカンフットボール五十年史』）。

対戦は、東京学生連盟選抜軍と在日米人からなる横浜カントリー・アンド・アスレチック・クラブ（ＹＣＡＣ）との間で行われている。選抜軍のメンバーのほとんどが、早稲田、明治、立教で学ぶ日系二世の学生たちだった［図３-４］。

実は、ポール・ラッシュがアメリカンフットボールクラブの設立を決意した背景には、このアメリカ帰りの二世を取り巻く深刻な状況があった。

当時、一世である日本人移民は子供の教育の機会を求めて、排斥運動が起きていたアメ

図3-4　1934年11月29日外苑競技場で行われた日本アメリカンフットボール誕生試合　ポール・ラッシュ記念館収蔵

リカから二世たちを日本に送り込んだ。ところが、彼ら留学生は日米関係が悪化の一途をたどるなか、二つの祖国の板挟みとなり苦しんでいた。——アメリカ生まれの留学生のホームシックを癒すもの、同時に日本の若者も心がひとつになり、アメリカと日本それぞれの考え方を理解する助けとなるものはないか。

そこでラッシュがたどり着いた答えが、アメリカンフットボールを日本に紹介することだった。一九三四年、外苑で行われた日本フットボール誕生の試合には、切実な平和への願いが込められていた。

しかし、一九四一年十二月、日米開戦とともにラッシュは敵性外国人抑留施設「菫キャンプ」に収容される。翌一九四二年六月には日米交換船でアメリカに帰国を余儀なくされた。それから約三年後、GHQ将校として再び日本の土を踏んだラッシュが胸に秘めていたのは、フットボールで日米の心をひとつにすることだった。事実、ラッシュの再来日と同時に連盟は復活し、ラッシュ本人も理事長に復帰している。また、用具もユニフォームも失った教え子たちのために、人脈を活かして米軍から二十二セットの防具を調達。試合の度に連盟がこれを貸し出すことで窮地を凌いだ。

かくして一九四八年一月十七日、外苑競技場（当時はナイルキニック・スタジアム）で第一回ライスボウルが開催に至る。この日、軍服姿のポール・ラッシュが掛け声とともに始球式のボールを蹴った。

図3-5　1948年1月17日　第1回ライスボウルで始球式に臨むポール・ラッシュ（ナイルキニック・スタジアム＝外苑競技場）　ポール・ラッシュ記念館収蔵

「HERE WE ARE AGAIN!（我ら再び、ここに！）」［図3-5］。

一九六一年、日本アメリカンフットボール協会はポール・ラッシュに対し、その功績を称え「日本フットボールの父」の称号を贈っている。

ラッシュは、一九四九年に退

役後、キリスト教による「人類への奉仕」の理念のもとに、八ヶ岳山麓で清里高原の開拓の先駆者ともなった。「清里の父」とも称される所以だ。一九七九年没。今も清里に眠る（『清里の父 ポール・ラッシュ伝』）。

知られざる陰の立役者、アメリカ帰りの松本瀧蔵

三人目は、キャピー原田ともポール・ラッシュとも親しく交わった人物だ。

その名を松本瀧蔵《たきぞう》という。松本は、二〇〇四年にフットボールを日本で普及した功績で、日本アメリカンフットボールの殿堂入りを、さらに二〇一六年には、戦後の野球復興と国際交流への貢献が認められ、野球殿堂入りを果たしている。一人の人物が二つの競技で殿堂入りするのは史上初のことだという。

しかし、原田には自伝があり、ラッシュの伝記も複数を数えるのに対し、松本瀧蔵の業績を伝えるまとまった著作は、残念ながらまだ世にない。スポーツ振興の「陰の立役者」とでもいうべき人物だ。ここでは先学の助けを借りながら、その足跡と人となりを書き留めたい。

松本瀧蔵は、一九〇一年三月、広島県佐伯郡廿日市町（現・廿日市市）に生まれた。母親は、瀧蔵が二、三歳のころ、いわゆる写真花嫁として再婚し、米国カリフォルニア州フレズノに渡る。しかし、アメリカでの結婚はうまくいかず、その後、現地でレストランを

経営する日本人と再婚する。このため瀧蔵は、フランク・ナルシマの英名を名乗るようになる（ロバート・K・フィッツ『大戦前夜のベーブ・ルース』）。

フレズノハイスクールでは、今でいう生徒会長を務め、全校生徒の先頭に立ってサーベル姿で行進を指揮。その雄姿は多くの日系人を喜ばせた。また、アメリカンフットボールや野球にも夢中で、フレズノでは日系アメリカ人野球チームの創設にも関わっている。一九二〇年、松本はマサチューセッツ工科大学に入学。航空工学を学ぶも、日本人学生には先端技術を教えられないとする差別にあい退学を余儀なくされた。そのためもあり一九二三年、母親とともに広島へ戻り、広陵中学に編入する。この時、二十二歳。再び、名を松本瀧蔵に改めた（佐野眞一『巨怪伝』）。

一九二五年、明治大学商学部に進学すると、アメリカ帰りの英語と野球で、松本は大学の有名人となった。当時、明大には三奇人がいるといわれた。それが、ギターばかり弾いている古賀政男、演説ばかりしている三木武夫、英語ばかり話す松本瀧蔵であったという。大学はその英語力を惜しみ、松本に講師として残ることを勧めた。以来、明治で教鞭をとり、一九三三年に助教授、一九三九年に教授に就任する。その間、一九三七年には、ハーバード大学大学院に一年間留学を果たし、ここで培った人脈が後々活きることになった。一方、野球では明治大学野球部の監督を務めるかたわら、一九三一年に大リーグチームが来日した際には通訳として一行を助けている。

松本は、東京学生アメリカンフットボール連盟の設立にも関わっている。

立教大学五番館には、ポール・ラッシュを慕ってアメリカ帰りの若者が集ったが、松本瀧蔵もその一人だった。一九三四年、連盟設立にあたってはラッシュ理事長のほかに、松本瀧蔵も明治大学の役員としてその名を連ねている。

日本には野球はあるけれどフットボールがない。瀧蔵も明治でチームを作ってくれ。「そう親父に持ち掛けたのが、ポール・ラッシュだった」、と語るのは瀧蔵の長男の松本満郎氏だ。一九三二年生まれ。瀧蔵は日本に帰国後、同じくアメリカ育ちの日系二世で青山女学院に学んだメリー綾子と結婚し、一男をもうけていた。その満郎氏は、父親に連れられてベンチに入り、日本初のアメフトの試合を観戦した一人でもある。一歳の時のことだ。

当時、松本がラッシュと思いを同じくしたのは、やはり苦境にある二世のことだった。ラッシュとともに在日二世連合会を立ちあげて支援に乗り出し、その理事長も務めている。松本はまた、一九三四年に外務省の外郭団体が設立した二世のための寄宿舎「瑞穂学園」では、園長として寮生たちの相談役も引き受けた（立花譲『帝国海軍士官になった日系二世』）。松本自身は二世ではないが、時に「日系二世」と自称することがあった。

一九四三年、松本は「二世の立場より観たる敵国アメリカ」と題した講演で、フレズノハイスクール時代に印象深く心に刻んだ、ある親日家の先生の教えを紹介している。ある時、先生が彼をクラスメイトの前に立たせて、日本の話をしろという。「日本の歴史は非常に古い。その伝統を話せ」。当時、日本政府は二世の米化運動を進めていた。そこで、できる限りアメリカ化して、アメリカに忠誠を尽くすことを求められていると考えた松本は、「話せません」と答えた。

ところが、その先生はあとで私を呼んで、「お前は馬鹿だ、一体何のために語学を教はつてをるか。君は日本語といふ大きな武器を持つてをるのにムザムザと棄てるといふことは、君の将来にとつて歎かはしい。君はもつと日本人であるといふ態度を保たなければいかぬ」と言つて教へてくれた。私はいま猶この先生に対する恩誼は、敵国人ではあるが一日も忘れたことはありません。

二世諸君にも日本人であることに誇りをもってほしい――。松本にもそのような思いがあったのではないか。

国際舞台への復帰を願って

終戦後の一九四六年四月、松本は戦後初の衆議院議員選挙に、故郷広島から立候補し当選する。松本に政界入りを勧めたのは、明大三奇人仲間の三木武夫だったという。同じ年の七月には、ハーバード時代に知遇を得た福島慎太郎、平沢和重とともにサービス・センター・トーキョーというGHQとの民間窓口組織を設立する（小宮京「三木武夫研究序説」）。福島はロサンゼルス領事、平沢はニューヨーク領事館に勤務した経験がある元外交官だ。

このセンターは公職追放解除をGHQに働きかけて大きな役割を果たした。また、戦時中にアメリカ市民権を剝奪された二世のためにも、進駐軍に申請書類を作成するなど尽力したという。

時を同じくして松本が奔走したのが、野球場の接収解除の問題だった。一九四五年九月十八日、外苑野球場はすでに米国第八軍スペシャル・サービス局の管理下に入っていた。松本は当時、明大理事として学生野球の会場を探していた。一方、プロ野球の会場確保も難航していた。接収下の外苑では十一月二十三日にプロの東西対抗戦が実現したが、これは一試合に限って認めるという進駐軍の特例によるものだった。では、後楽園はどうか。当時、プロ野球の会場確保に駆けずり回っていた鈴木惣太郎は、スペシャル・サービス局で「思わぬ大敵」松本瀧蔵と出くわした日を回想に残している。

「そこで、私は……スペシャル・サービスの総大将であるウイルソン大佐にあった。ところが、そこには思わぬ大敵が現われていた。それは、松本滝蔵君だった。松本君は、学生野球から頼まれて、神宮球場の接収を解除してくれ、もしいけないなら、後楽園を使えるようにしてくれ、といってきている。そういうところに、私はぶつかった」（『後楽園の25年』）。

このウィルソン大佐と松本はハーバードの同窓でもあり、松本はその人脈をフル活用してことにあたっていた。この交渉は鈴木に軍配があがり、後楽園はプロ野球の球場として接収を免れている。他方、甲子園球場の返還を求めたGHQとの交渉で、一九四七年の選抜中等学校野球から使用の許可を得たのは松本の功績だった。

さらに、このような折衝の場でGHQ側から松本と交わったのが、キャピー原田である。原田は松本夫妻と親しく交際し、何よりその美しい英語に感服した。日米の橋渡し役として、自分の語学はまだおよばない。そこで原田が松本に願い出たのが、明治大学で日本語を習いたいということだった。この願いは容れられ、原田はGHQ勤務のかたわら夜間部に通い、卒業証書まで手にしている（佐山和夫『二つのホームベース』）。

アメリカのキャピー原田と日本の松本瀧蔵。この二人が文字通り日米の懸け橋となって実現したのが、一九四九年十月に開催された戦後初の日米親善試合だった。サンフランシスコ・シールズ招聘にあたり、米国側の実行委員長がマーカット少将、その下に原田が仕えたことは先に述べたが、日本側の実行委員長を務めたのが松本瀧蔵だ［図3－6］。

この時、日本野球連盟が発行する週刊紙『日本野球』（一九四九年十月十五日）で、「シールズを迎う」と題した巻頭言を寄せた松本は、日本スポーツ界の国際復帰を念願し決意をあらたにしている。「われわれはこの全米国民の代表ともいうべきシールズを迎えて、誠心誠意国際競技の円滑順汐な遂行に努力を尽し、日本のスポーツ界が今後ますます国際

図3-6　1950年、第１回東西両半球ノンプロ野球選手権で日本側実行委員長を務める松本瀧蔵（左頁上）と米国側委員のキャピー原田（右頁中央）　Official Baseball Annual Non. Pro 1951（The National Baseball Congress of America, 1951）所収

スポーツ界に臨み得るよう念願しなければなりません」。

水泳についても触れておかねばならない。

一九四九年六月に国際水泳連盟に復帰した日本水泳陣は、八月にロサンゼルスで開催される全米選手権に招待を受けて参加している。古橋広之進が世界新記録を連発した大会だ。この米国遠征団長が、日本水泳連盟理事でもあった松本瀧蔵だった。占領下で海外旅行が困難な時代、旅券の交付をＧＨＱから受けるのにも松本の交渉力がものをいった（松本瀧蔵「帰還報告」）。まさに国際派の面目躍如たるものがあった。

一九四九年の全米選手権については、

ロサンゼルス側で選手団の受入れに手を尽くした日系一世、和田勇の活躍が知られているが、日本がスポーツの国際舞台に復帰した陰には、松本のようなアメリカ帰りの功労者がいたことも記憶に留めたい。

　松本瀧蔵は、第一次岸内閣で外務政務次官を務め将来が期待されたが、一九五八年十一月、肝硬変でこの世を去った。享年五十七。そのころ、退役して日本にいたキャピー原田は、入院先の聖路加病院に駆け付けたが、すでに意識不明の状態だったという。その死から六年後、東京で開催された初のオリンピック招致にも松本は深く関わっているのだが、これについては後に触れたい。

3、その場所は誰のものか

外苑境内地争奪戦の勃発

　外苑がスポーツの復活を世に高らかに告げたころ、設立早々の神社本庁をはじめ神社界が直面した難題があった。これを国有境内地問題という。

　一九二一年（大正十）に制定された国有財産法以来、社寺境内地は国有財産中の公有財産とされてきた。戦争が終わった時点で、十万九千八百六十二の神社が、八千六百七十三万六千坪におよぶ境内地を占拠しており、その面積の半分強は、二百六の大社によって占められていたという（ウィリアム・P・ウッダード『天皇と神道』）。

明治神宮もこの二百六の大社の一つに該当する。神社の国家管理が廃止された今、この国有境内地をどうするかが、GHQ、日本政府、そして神社界にとって大きな懸案となったのだ。

一九四六年（昭和二十一）十一月三日、GHQは宗教団体使用の国有地処分に関する覚書（SCAPIN1334）を発令し、「現在宗教団体によって利用されており、且つ、宗教行事のため必要な公有地に関する権利」について、次のような前提条件を掲げた（『GHQ日本占領史21　宗教』）。

（1）一八六八年（明治元）以前に宗教団体によって所有されていた土地、あるいは一八六八年以降に公の費用をかけずに取得された土地は、もし従前通りの団体に使用されているのであれば、その団体に無償で返還されるべきである。

（2）他の土地は、もし主に収入を生んでいるのでないならば、そして宗教的活動を行うのに不可欠であるならば、現在の市場価格の半額で占有している宗教団体に売却されうる。

この原則に沿って、翌一九四七年四月、法律第五十三号「社寺等に無償で貸し付けてある国有財産の処分に関する法律」が公布される。

明治神宮の立場からすると、内苑は（1）の項に該当するので無償譲与を、外苑については宗教活動に不可欠な土地であることから、（2）に基づいて市価の半額で払下げをうけるのが当然の措置と思われた。ところが、明治神宮の境内地処分申請は、内苑についてはは神宮の主張がほぼ認められたが、外苑の帰属は世論も巻き込んだ大問題へと発展する。結局、事態が解決し明治神宮が譲与の正式許可を得たのは、一九五二年十二月のことだ。

この外苑帰属をめぐるせめぎあいで主要な役割を演じたのが、明治神宮、GHQ、日本政府、そして、長年外苑をフィールドとした各スポーツ団体だった。野球、水泳、アメフト然り。外苑の一日も早い接収解除はスポーツ界全体の悲願でもあった。

外苑は誰のものなのか――。本節では、これまであまり顧みられることがなかった外苑境内地帰属問題を詳述し、この問いにおのおのが導き出した解法と争点、そして、その帰結をたずねたい。

先述の法律第五十三号をうけて、境内地処分の申請を審査するため、中央・地方の各審査会が設置された。大蔵省に新設された中央審査会は、主に旧官国幣社の神社境内地、本山およびこれに準ずる大寺院の境内地を対象にし、明治神宮境内地もこの中央審査会の取扱いとなった。

一九四八年四月二十七日、明治神宮は大蔵大臣宛に内外苑境内地譲与ならびに売払い申請書を提出。これは、内苑境内地（約七十四万平方メートルおよび付帯立木約七千百四十六立方メートル）を無償譲与地として、外苑境内地（約四十六万平方メートル）を時価半額払下げとして求めるものであった。

内苑については、GHQが提示した前提条件に沿って、「現在宗教団体によって利用されており、且つ、宗教行事のため必要な公有地」であることは大蔵省も認めるところだった。そこで、さらに明らかにすることを求められたのは、その土地が「明治以前に宗教団体によって所有されていた土地、あるいは明治以降に公の費用をかけずに取得された土地」かどうかということだった。

そもそも、内苑敷地は一八八四年（明治十七）に皇室が購入した南豊島御料地であったが、その購入費の出処が国費だったか、それとも皇室の私的な資金であったか。また、この御料地が、明治神宮創建にあたり、境内地として永代無償貸付された、その事情はどのようなものであったか。一九四七年五月の新憲法ですべての皇室財産も国有に帰することになったため、当時にさかのぼって厳密な判断が必要とされたのだ。

そこで、神宮側は追加で書類を提出し、これに対応した（副島廣之『私の歩んだ昭和史』）。

まず、前者の問題は、宮内庁書陵部に照会をあおぎ、一八八四年に皇室が井伊家から二十万坪、およそ五万円分の土地を買上げた件について、その年の帝室会計決算書（国費）に支出として計上されていないことを明らかにした。つまり、この土地は皇室の私的な資金から購入されたことを示した。

一方、後者については、当時の内務大臣原敬が御料地の永代無償貸付を宮内省に申請したことに対し、一九一四年三月、宮内大臣が「永久使用の見込を以て、使用貸借関係に依り無期限にて使用の儀差支無之候」と回答した文書が根拠となった。これは、境内地が皇室からの無償の下賜に相当することを示すとされた。この論証が内苑境内地の無償返還につながった。

折口信夫による「外苑論」

ところで、ＧＨＱがこの国有境内地問題で、明治以前から所有の境内地とそれ以降に取得した土地を区別したのは、「すべての神社が同等に正当な国有境内地の所有権を持つものではない」という考えからだったという（ウッダード前掲書）。

彼らは、明治以降に創建された神社を「明白な政治目的で設立された神社」と位置づけ、これらの神社は、起源が古い神社と異なりその占有する土地に対して歴史的な（固有の）根拠を持っていないという見解に立っていた。

明治神宮が外苑の時価半額払下げをうけるためには、まさにその土地を占有する歴史的な根拠を中央審査会に示す必要があった。

そのために明治神宮が大蔵省に追加提出した書類が、一九五一年三月二十二日付で作成された「明治神宮外苑の性格について」だ。ここで神宮側は、大正初年に歴史をさかのぼり、内苑は国費で外苑は民間の奉賛運動により造営が成ったこと、その内外苑相まってこそ明治神宮の神域であることを、繰り返し説き起こしている。

さらに外苑が神道の伝統に根拠をもつ施設であることを「深く示唆」する参考資料として、文書に付したのが民俗学者折口信夫の論考「新神道の顕現《けんげん》」だった。

これは二月八日に國學院大學を訪ねた田中喜芳権宮司らが、折口信夫に「外苑境内地の性格について民俗学的解釈」を依頼したことによるもので、これが外苑帰属を主張する神宮側の論理的根拠となった。この小論は、「新神道の顕現といふことについてお話をしてみたい。その対象に明治神宮をおいてみたいと思ふ」の一文で始まる。

折口は言う。明治神宮は今までの神道のうちどめであり、これからの神道の出発点である、と。つまり、これまでの神道の伝統を継承し、新しい神道がこれから先たどるべき道程が、明治神宮という存在において暗示、あるいはすでに明示されているという。明治神宮をして「新神道の顕現」とする所以である。

そのように見ると、古い神社が境内に馬場を持っていたように、外苑は明治神宮にとっての馬場にほかならない。また、絵画館は神宮の絵馬堂である。ただ、そのつながりが十分認識されないうちに敗戦を迎えてしまったので、神社に無関係な行事や建築があるのだと見られているかもしれない。しかし、今だからこそ、新しい神道の理想を外苑で実現する必要があるのだ、というのがこの折口論の骨子だった。

明治神宮外苑には、明治大正時代の神道の理想をどういふ様にするかと追求した結果が部分部分にあらはれてゐる。ただそれが統一的でないから神社とは無関係である如く見えるかも知れないのである。それを綜合統一して――、明治時代の幻影、新しい神道の理想を実現する必要があると思ふ。

外苑とは、古くて新しい神道の歴史を継承している。明治神宮の宗教的活動に欠くべからざる施設である――。外苑返還を求める明治神宮のこのような主張は、しかし、GHQの接収解除を求めて奔走するスポーツ関係者の思いとは相いれないところがあった。

民間体育団体が送ったGHQへの陳情書

GHQが日本占領を記録した報告書は、明治神宮の外苑帰属問題が富士山の所有をめぐる問題とともに、宗教団体使用の国有地処分を長引かせる大きな要因となったことを指摘している。

数えきれないほどの問題と専門的な事柄によって、実際の法的譲渡は遅れた。東京の巨大な明治神宮は、公的なレクリエーション施設、水泳プール、スタジアム等を持つ外苑（明治公園）すべての所有権を申請した。富士山を崇拝する団体はその山の多くを要求し、そのような崇拝の対象物の排他的所有は宗教団体にとってどの程度本質的であるかという問題を生じさせた。（前掲『GHQ日本占領史21』）

実際、外苑を進駐軍のスポーツセンターとして我がものにしていたGHQにとって、外苑処分問題は、接収解除後、誰にその施設を返還するのか、その帰属者を明らかにするという問題でもあった。

一九五一年六月十八日、大蔵省管財局は明治神宮との会談の場で、総司令部民間情報教育局（CIE）が非公式に「外苑の土地を明治神宮に売り払うことは、その公共性にかんがみ適当でない」という見解を示したことに言及し、神宮側を慌てさせた。

GHQがここに至り、外苑の処分を問題視したのはなぜか。

ここで登場するのが、民間の各種体育団体だ。実は、外苑を明治神宮に返還するのは不当であると主張し、GHQに直訴したのが彼らだった。国立国会図書館の憲政資料室が所蔵するGHQ/SCAP文書には、彼らがCIEの体育担当官であるW・ニューフェルドに宛てた複数の嘆願書が残っている。興味深いのは、これらの文書がすべて、同年の五月三日から十一日までの間に作成されていることだ。この民間スポーツ界からの意見書が、上述のようなGHQの非公式見解に影響を与えたことが推察される。

占領軍文書には、確認できるところで以下の団体から六通の嘆願書が綴られている。

五月三日付　日本ホッケー協会
五月四日付　全日本軟式野球連盟および日本ソフトボール協会
五月四日付　日本水泳連盟
五月七日付　日本体育協会
五月八日付　日本蹴球協会
五月十一日付　日本陸上競技連盟

その主張は、次の二点に集約できる。

第一に外苑競技施設の一日も早い接収解除を望むこと。たとえば、全日本軟式野球連盟と日本ソフトボール協会は連名で、我々アマチュアが都内で利用できる施設は限られていると現状を訴え、外苑の返還を懇願している。「我々スポーツ人は、あの緑に囲まれたスポーツ人憧がれの明治神宮外苑諸施設が、進駐軍接収から解除されることを熱望致して居ります」。
日本水泳連盟会長の田畑政治もまた、神宮水泳場がいかに日本水泳の発展に欠かせない場所であるか、これまでをふり返り切々と訴えている。

日本水泳連盟　会長　田畑政治

一九五一年五月四日

連合軍民間情報教育局　ニューフエルド殿

明治神宮外苑水泳場接収解除に関する意見

明治神宮外苑の諸競技施設が連合軍の接収下にあることは現下の情勢として止むを得ないものと考えますが、一方我国のスポーツマンに取つては誠に物足りぬ感懐を抱かせるのであります。特に我々水泳関係者に取つて神宮水泳場は自分達の手で作り上げたものであること。年々日本選手権大会、日本学生選手権大会、早慶対抗、日立明三大学対抗等、我国に於ける権威のある数々の大会を開催し来つたと共に、三回に亘る日米対抗競技、極東選手権競技等、国際大会をも挙行し、真に全国水泳人のメッカと成って居ることは今更申し上げる迄もありません。

体育団体による主張の第二は、接収解除の暁には、外苑を明治神宮に返還するのではなく公的所管とすべしと求めていることだ。

「若し接収解除されます暁には、全国スポーツ人の総意による、これが管理委員会なるものを組織して運営するか、もしくは総意によつて指定される機関にまかせらるべきものと考えます。明治神宮の所管に移ることはわれわれスポーツ人に多大の不便を感じさせることになると思います」（日本ホッケー協会）。

蚊帳の外に置かれた明治神宮

それでは、いかなる理由で明治神宮が所管することに反対なのか。

彼らが提起した問題点とその意図するところは、日本体育協会が浅野均一理事長名で作成した次の六か条に明快だ。

一、外苑における競技は、明治神宮の奉納行事として実施するとされてきたが、実際は純粋なスポーツやレクリエーションの目的で行われたのであり、神道と関連するものではない

二、明治神宮外苑の諸競技施設は、全国からの奉賛およびスポーツマン諸氏の尽力によって建設されたものである

三、神宮外苑は日本におけるスポーツとレクリエーションの中心施設であり、今後もそれが維持されるべきである

四、外苑が明治神宮あるいは私的機関に返還されれば、営利目的に使用されたり、売却されたりする恐れがあり、これは今後の日本スポーツの発展にとって大きな障害となり得る

五、今後の外苑は、神道関連団体ではなく、スポーツやレクリエーションに関連する公的機関が管理すべきである

六、外苑の管理は、各スポーツ・レクリエーション団体の代表や政府関係者からなる委員会を組織して行うべきである。

このように民間体育団体の主張は、外苑こそ新神道の顕現の場であり、これからの神道の出発点であるという明治神宮の見解とまったく相反していた。

ここで特筆すべきは、このような民間体育団体の動きは、実は日本体育協会自身が各団体に要請し、GHQへの陳情を促していたと考えられることだ。それがわかるのは、占領関係文書内の日本蹴球協会陳情書に、「明治神宮外苑競技場接収解除に対する意見書御提出の件」と題した添書が合わせて収められていたからだ。

「拝啓　貴五月四日附書翰により提出方御要請ありたる掲題の件、別紙の通り御提出申上

ます」で始まるこの手紙は、日本蹴球協会理事長の範多龍平から「国内スポーツ委員会総務主事」の清瀬三郎に宛てて送られている。清瀬三郎は、一九四六年に大日本体育会理事長に就任し、国民体育大会を創設。国体の生みの親とも知られる人物だ。

その目指すところはスポーツの「大衆化」「民主化」であったといい、大日本体育会（その前身は嘉納治五郎が初代会長を務めた大日本体育協会）も純民間団体を意図して、一九四八年に日本体育協会と名を改めている（二〇一八年〔平成三十〕に日本スポーツ協会に改称）。

しかし、この相次ぐ嘆願の背後をさらに掘り下げれば、そこには外苑体育施設の所管を狙う文部省の思惑があった。

一九五一年六月二十七日、文部省は国内スポーツ団体の代表者を招いて外苑接収解除後の運営に関する協議会を開催した。日本体育協会の清瀬三郎をはじめ、日本水泳連盟の田畑、日本陸上競技連盟の浅野など、GHQに意見書を提出した各団体代表が会している。明治神宮は蚊帳《かや》の外だった。ここで、今後の外苑の所管は文部省とし、各体育団体を交えた運営委員会によって運営するという文部省案が合意を見ている。日本体育協会を中心とした各スポーツ団体の動きと文部省管轄案は、軌を一にするものだったことがわかる。

これが新聞で報じられたことから、外苑体育施設の扱いをめぐる問題は、国民の一大関心事となった。七月一日の『日刊スポーツ』は社説で、「神宮競技場は体協管理にせよ」と主張を展開。さらに、八月二十九日に文部省が体育団体とともに明治神宮との全面対決を表明し、これに対して明治神宮が記者会見を開くと、報道合戦は最高潮に達した。九月二日の『報知新聞』は「何処へ行く外苑体育施設」と題し、対立の裏には「神道とスポーツ」の問題があると伝えている。

　まさに明治神宮にとっては外苑の存亡をかけた重大局面だった。『明治神宮外苑七十年誌』は、「ことに文部省は将来の東京オリンピック開催に伴う国立競技場問題などから執拗に文部省主管を主張した」と、当時を振り返っている。この文部省と国立競技場問題については、後に触れる。

還ってきた神宮外苑

　最終的に事態打開につながった決め手の一つは、「明治神宮造営記念会」による外苑払下げの陳情書だった。この書類は、一九五一年十二月五日に明治神宮から大蔵大臣池田勇《はや》人《と》宛に提出され、写しが境内地処分中央審査委員会にも送付されている。明治神宮造営記念会とは、内外苑造営の関係者が当時の偉業を記念した会だ。

「私共は、明治神宮造営関係者として外苑の造成に直接関与し、外苑の性格、造営の理想を知悉するが故に、将来共明治神宮の存在せられる限り、外苑は神宮境内として内苑と共に綜合的見地から管理運営せらるべきものと確信するものであります」。

　この陳情書には、造営に従事した建築家の伊東忠太、佐野利器、造園の折下吉延のほか、児玉九一、飯沼一省、後藤文夫など官界の長老級二十名が名を連ねた。外苑の生みの親たちが直筆で署名したこの嘆願書が、関係者の意思決定に大きく影響したことは間違いないだろう。

もう一つ、事態打開の決め手となったのは、外苑管理組織の設置について明治神宮が妥協案を示したことだった。神宮は、境内地および施設の所有については従来の主張を変えず、しかし、外苑の運営については、明治神宮の機関として各界の有識者からなる管理委員会を設けることを認めた。これが相手側の態度を軟化させることとなったのだ。

一九五二年二月一日。文部省において、明治神宮・文部省・体育団体の三者会談が実現した。この日、外苑帰属問題がようやく合意を見た。三者はその場で記者会見を開き、合同声明を発するに至る。

ところで、最後まで外苑の権利を主張した文部省と明治神宮の間に入って折衝役を担ったのもまた、民間の体育団体だった。特に六大学野球の日本学生野球協会は、戦中の野球統制令で文部省から強い弾圧を受けたこともあり、文部省管轄案は神宮球場のグラウンド統制を企てるものだと激しく反発していた。この学生野球協会が、水泳連盟の田畑や陸上競技連盟の浅野らを動かし、三者共同案にむけて同一歩調をとる布石ができたのだ。

このような民間団体の動きについて、前節で登場したポール・ラッシュやキャピー原田、松本瀧蔵たちがどのように関わったのか、残念ながら定かではない。ただ、三者声明に基

図3-7　国立競技場に建て替えるため解体される外苑競技場　明治神宮外苑所蔵

一九五五年七月、大蔵省は、国立競技場問題と関連させて外苑境内地の処分を行う方針を内定する。社殿も焼失し復興もままならない明治神宮は、時価半額でも外苑をすべて買い上げることは難しいだろうと、国はその懐具合をよく承知していた。明治神宮では協議の結果、競技場を国に譲渡することを決定。一九五六年一月二十五日、外苑競技場惜別奉告祭を執り行い、別れを惜しんだ。翌日の『東京新聞』は、「さようなら!神宮競技場」と写真入りでその様子を伝えている［図3-7］。

それから八年後の一九六四年十月十日、かつての外苑競技場はオリンピック東京大会のメインスタジアムとして、文字通り国際スポーツへの日本の復帰を印象づける舞台となった。その様子はまた折々に触れることになるだろう。

第四章　絵画館にみる美術と戦争

——続・占領者たち

1、外苑聖徳記念絵画館の戦争画

撤去を命じられた戦争画

二〇一八年（平成三十）のことになるが、画家・藤田嗣治の没後五十年を記念した特別展が各地で開催された。

なかでも東京都美術館と京都国立近代美術館を巡回した展覧会は、「史上最大規模の回顧展」として大変な賑わいだった。この特別展では、太平洋戦争中に藤田が描いた戦争画が展示されて話題になった。「アッツ島玉砕」と「サイパン島同胞臣節を全うす」の二点だ。一九四三年（昭和十八年）九月、「アッツ島玉砕」が出品された「国民総力決戦美術展」では、作品の前に賽銭箱が置かれて花が供えられ、手を合わせる観覧者が絶えなかったという。

近年、藤田の伝記をまとめた美術ジャーナリストの富田芳和氏は、この時期の藤田の戦争画は、依頼者である軍部にも制御できない方向に向かっていたと指摘する。

「フジタの絵に対する大衆の熱狂は、軍部が謳おうとする「戦意高揚」とは別のところからもたらされている。軍部はわかっているがどうすることもできない。それが昭和十八年という時代状況だった。「アッツ島玉砕」は、爆発寸前の人々の悲しみと鬱積を鎮める役割を果たしているからだ」。

日中戦争の勃発から太平洋戦争に敗戦する一九四五年まで、画家たちは戦意高揚を目的とした軍部の要請をうけて数多くの戦争画を制作した。このような作品は「戦争記録画」と称されるが、そのうち百五十三点が現在、東京国立近代美術館に保管されている。これらは大戦終結後、連合国軍総司令部（GHQ／SCAP）により接収されて秘密裏にアメリカに運ばれ、一九七〇年になって「無期限貸与」のかたちで日本に返還された。さきほどの藤田の戦争画も、このかつて接収された百五十三点のうちの二点に相当する。

あまり知られていないが、明治神宮外苑にある聖徳記念絵画館にも、同じく占領下の時代にGHQによって撤去を命じられた戦争画がある。こちらは太平洋戦争ではなく明治期の戦争をテーマにした作品で、アメリカに運ばれることはなかったが、占領が解除になるまで館内で展示が許されなかった。

『明治神宮外苑七十年誌』（以下、七十年誌）には、再び展示が可能になった日の様子が次のように記されている。「昭和二十七年〔一九五二〕四月二十八日、対日講和条約が発効し、日本は独立を回復した。それに伴って五月十三日、絵画館においても奉掲が禁じられていた戦争関係壁画一八点が復帰し、ここに全八〇点の展示がようやく完了したのであった」。

展示が禁じられたこの十八点の歴史画をめぐる攻防が、この章のテーマとなる。

本章では、占領下における外苑聖徳記念絵画館の戦争画を対象として、異なる立場の人々が「描かれた戦争」をどのように受け止め、どのように取扱ったのかを考察する。画家が戦争画に込めた思いも一様ではない。そこに見る側がなにを感じ取るかもさまざまだ。とくに終戦後は、占領した側とされた側のあいだで、戦争を描いた絵画の処遇をいかにすべきかという物理的な問題が発生した。そこで人々が基準とした判断の背景にも、戦争に対する個々の思いがあった。

美術をめぐる占領政策については、美術史学の分野で米国公文書をもとにした研究調査が進展している。ここでは、テーマに関連するところで大きく二方向からの先行研究の流れに着目したい。

一つは、占領軍による戦争記録画接収の経緯とその顚末を考察した研究だ。まず一九九九年、姫路市立美術館学芸員で美術史家の平瀬礼太氏が、国立国会図書館の憲政資料室に所蔵されるGHQ／SCAP文書のうち、民間情報教育局（CIE）関連文書から戦争記録画の処理に関する資料を発見。「戦争画とアメリカ」と題して発表し先鞭をつけた。同年、千葉工業大学教授で同じく美術史を専門とする河田明久氏も「「それらをどうすればよいのか」　米国公文書にみる「戦争記録画」接収の経緯」を発表する。以後、両者を中心にGHQ／SCAP文書の検討が進んでいる。「没後五〇年　藤田嗣治展」の図録にも、河田が「収集から接収へ　占領期の戦争画」の短文を寄せたように、藤田と藤田の戦争画の戦後を知る上でもこの方面の調査が大きく寄与している。

もう一つ、筆者が参考としたいのは銅像に対する占領政策の先行研究だ。この分野でもGHQ／SCAP文書を手がかりに二〇一一年、平瀬礼太が銅像の戦後史を論じた『銅像受難の近代』を発表。二〇一四年には、文化資源学者の木下直之も、『銅像時代』でGHQの占領政策と銅像撤去について考察している。占領下における銅像の取扱いの問題とは、忠霊塔や慰霊碑を含む戦争記念碑のそれとも軌を一にしており、戦争画の命運とも重なるところがある。

一連の平瀬の研究は、戦争画と銅像双方の占領政策を俯瞰するうえで重要だが、さらに注目すべきはほかならぬ占領下の絵画館についても当該のGHQ／SCAP文書を発見し、資料紹介のかたちで紹介していることだ。平瀬はそこで、「日本から持ち去られてしまった百五〇点余りの戦争画と講和条約発効後にも日本に残った明治神宮の作品……とどこに相違があったのか」と自問している（「戦争画とアメリカ」）。また、銅像の撤去には背景にロシアや中国など他国への配慮という要素もあったことを指摘し、CIEが絵画館の壁画で日清・日露の戦闘をあらわす作品の撤去を命じたのも、他国からの非難を避けるという理由があったのではないかと類推している。

筆者は、まったく別の動機からGHQ／SCAP文書を調査する過程で、平瀬が見つけたものとは異なる戦後の絵画館に関する資料にたどり着いた。これらを明治神宮所蔵資料

表１　外苑聖徳記念絵画館壁画画題と「軍事」18題

網掛けは明治神宮奉賛会が「軍事」に分類した画題

No.	作品名	揮毫者
1	御降誕	高橋秋華
2	御深曽木	北野恒富
3	立親王宣下	橋本永邦
4	践祚	川崎小虎
5	大政奉還	邨田丹陵
6	王政復古	島田墨仙
7	伏見鳥羽戦	松林桂月
8	御元服	伊東紅雲
9	二条城太政官代行幸	小堀鞆音
10	大総督熾仁親王京都進発	高取稚成
11	各国公使召見	広島晃甫
12	五箇條御誓文	乾南陽
13	江戸開城談判	結城素明
14	大阪行幸諸藩軍艦御覧	岡田三郎助
15	即位礼	猪飼嘯谷
16	農民収穫御覧	森村宜稲
17	東京御着輦	小堀鞆音
18	皇后冊立	菅楯彦
19	神宮親謁	松岡映丘
20	廃藩置県	小堀鞆音
21	岩倉大使欧米派遣	山口蓬春
22	大嘗祭	前田青邨
23	中国西国巡幸長崎御入港	山本森之助
24	中国西国巡幸鹿児島着御	山内多門
25	京浜鉄道開業式行幸	小村大雲
26	琉球藩設置	山田真山
27	習志野之原演習行幸	小山栄達
28	富岡製糸場行啓	荒井寛方
29	御練兵	町田曲江
30	侍講進講	堂本印象
31	徳川邸行幸	木村武山
32	皇后宮田植御覧	近藤樵仙
33	地方官会議臨御	磯田長秋
34	女子師範学校行啓	矢沢弦月
35	奥羽巡幸馬匹御覧	根上富治
36	畝傍陵親謁	吉田秋光
37	西南役熊本籠城	近藤樵仙
38	内国勧業博覧会行幸啓	結城素明
39	能楽御覧	木島桜谷
40	初雁の御歌	鏑木清方
41	グラント将軍と御対話	大久保作次郎
42	北海道巡幸屯田兵御覧	高村眞夫
43	山形秋田巡幸鉱山御覧	五味清吉
44	兌換制度御治定	松岡寿
45	軍人勅諭下賜	寺崎武男
46	条約改正会議	上野広一
47	岩倉邸行幸	北蓮蔵
48	華族女学校行啓	跡見泰
49	東京慈恵医院行啓	満谷国四郎
50	枢密院憲法会議	五姓田芳柳
51	憲法発布式	和田英作
52	憲法発布観兵式行幸啓	片多徳郎
53	歌御会始	山下新太郎
54	陸海軍大演習御統監	長原孝太郎
55	教育勅語下賜	安宅安五郎
56	帝国議会開院式臨御	小杉未醒
57	大婚二十五年祝典	長谷川昇
58	日清役平壌戦	金山平三
59	日清役黄海海戦	太田喜二郎
60	広島大本営軍務親裁	南薫造
61	広島予備病院行啓	石井柏亭
62	下関講和談判	永地秀太
63	台湾鎮定	石川寅治
64	靖國神社行幸	清水良雄
65	振天府	川村清雄
66	日英同盟	山本鼎
67	赤十字社総会行啓	湯浅一郎
68	対露宣戦御前会議	吉田苞
69	日露役旅順開城	荒井陸男
70	日露役奉天戦	鹿子木孟郎
71	日露役日本海海戦	中村不折
72	ポーツマス講和談判	白滝幾之助
73	凱旋観艦式	東城鉦太郎
74	凱旋観兵式	小林万吾
75	樺太国境画定	安田稔
76	観菊会	中沢弘光
77	日韓合邦	辻永
78	東京帝国大学行幸	藤島武二
79	不豫	田辺至
80	大葬	和田三造

出典：打越孝明　『絵画と聖蹟でたどる 明治天皇のご生涯』（新人物往来社、2012年）

は多岐にわたる。奉賛会常任理事の水上浩躬《ひろみ》は、大政・外交・軍事の画題が全体の約半数を占めることについて、「一見稍《やや》政局軍事に偏するの嫌なきにあらすと雖、是れ時代の大勢已むを得さる」と理由をあげ、それが幕末から明治という「時代の大勢」であったからだと理解を求めている（「壁画画題撰定ノ経過及其成果」）。

第二に、奉賛会は「軍事」十八題のうち内乱の取扱いに特に注意を払っていた。維新史料編纂会は、画題選定方針として一九一七年六月、「戦争画の如きも、残酷に亙らさる様注意すへきものとす」と定めたが、内乱を画題にすべきか否か、画題とするならいかに描くべきかを巡り、奉賛会内外で紛糾した様子がうかがわれる。

たとえば、一九二一年四月一日の『東京朝日新聞』は「伏見鳥羽戦の壁画一揉め」と題する記事で、「某元老」が先帝御一代記である絵画館に内乱を表現するのは「汚点」だと奉賛会を非難する発言を紹介している。

画題案の変遷を辿ると、「伏見鳥羽戦」と「西南役熊本籠城」の場面は、「国威発展に大関係あるもの」として採用を認めている。一方で、初期の画題案にあった「会津戦争（若松城攻囲の図）」は画題から外され、また同じ西南の役でも、田原坂戦の構図は却下し、直接に内乱を描いた場面を避け「残酷に亙らさる様注意」を払った。ただし、ここで問題となったのは国の「内部」における戦いであって、「外部」との戦いは揉めごとの範疇ではなかった。

図4-2　65「振天府」川村清雄画　外苑聖徳記念絵画館所蔵

最後に第三として、「軍事」十八題には戦没者の慰霊・鎮魂を意図した壁画も含まれたことを挙げておきたい。それが洋画家の川村清雄が描いた、六十五番の「振天《しんてん》府《ふ》」だ［図4-2］。振天府とは、一八九六年（明治二十九）十月に日清戦争の戦利品を陳列するため、皇居内に設けられた宝庫である。その陳列品に加えて、戦死した将校以上の写真および下士官以下については名簿が保存されるようになり、戦没者を悼んでその功績を偲ぶ施設ともなった（井上亮『天皇の戦争宝庫』）。

画題案の変遷を見ると、振天府は初期から画題候補に名前があるが、あわせて「懐遠府の図」「建安府の図」も候補にあがっていた。「懐遠府」は北清事変後に、「建安府」は日露戦争後にそれぞれ皇居内に造営された宝庫で、その目的は振天府と同様だ（『禁廷三寶庫誌』）。絵画館の画題選定では、最終的に「振天府」にしぼり、戦勝記念と戦没者の鎮魂というテーマを一作に凝縮して描くことになったと思われる。

揮毫を依頼された川村清雄は当初、「憤怒苦痛の形相凄まじ」い清兵の捕虜と、振天府に馳せ昇り、安住の境を求めんとする戦没勇士の亡魂を対比して描く構想で下絵を作成した（木村駿吉『川村清雄』）。川村清雄の画業に詳しい江戸東京博物館学芸員の落合則子氏は、悶える清兵と戦死者の亡魂を対比する構図には「最後の審判」を下敷きにしたモチーフがあったのではないかと推測している。しかし、清国捕虜については絵画館関係者から「国際情勢に鑑みて」いかがなものかと指摘があり、構図から削除することになったという経緯がある（林えり子『福澤諭吉を描いた絵師　川村清雄伝』）。

前述の通り、絵画館は一九二六年十月に竣功した。しかし、肝心の中身である八十点の絵画が全て揃い、「壁画完成記念式」を迎えたのは、実にそれから十年後、一九三六年四月のことだった。この年、日本はロンドン軍縮会議を脱退して、日独防共協定を結ぶ。次の戦争がすでに迫っていた。

戦局が緊迫の度合いを深める一九四四年十二月二十一日、明治神宮は絵画館の閉鎖を決めた。壁画は、地階および中央ホールに分散格納され姿を消した。この点で、絵画館の戦争画は太平洋戦争の戦争記録画と異なる。後者は、敗戦が濃厚となった東京大空襲の後でも「陸軍美術展」などの機会に公開され、大変な人出を得ていたからだ。一方、絵画館は、その東京を見舞った空襲でガラス屋根に焼夷弾が貫通する被害に見舞われている（一九四五年五月二十五日）。戦後の絵画館もまた、焼け跡からの出発となった。

2、占領下の絵画館とＣＩＥの態度

絵画館の接収解除と再公開

一九四五年（昭和二十）八月十五日に終戦を迎えると、早くも九月四日には連合軍兵士が検分のため絵画館を訪れている。同月十八日、外苑は進駐軍の「スポーツセンター」として全面的に接収されたことは、前章で述べた通りだ。十月二十日、接収された絵画館では、防護のために格納していた壁画が、無事に展示に復帰した。しかし、この時点での拝観は、連合軍兵士の希望者のみに限定された。

まもなく進駐軍は、絵画館は外苑のほかの競技施設と異なり接収の必要なしと判断し、一九四七年十二月十日に解除が決定している。明治神宮ではさっそく絵画館の再開準備にとりかかり、翌四八年一月八日に日本経済新聞社、読売新聞社などの報道関係者と日本交通公社を招待し、再公開に向けたお披露目の懇談会を開催。絵画館は、一月十日から再び一般に公開されることになった。

ところで、『七十年誌』はこの再公開について、「一月十日より一般公開したが、占領中のため戦争関係の壁画一八点は依然除かれたままであった」（傍点筆者）と記す。「依然」というのは、一九四五年十月二十日にさかのぼってのことで、格納していた壁画を再掲し、進駐軍の希望者に限って拝観を再開した時点を指す。同誌によれば、この日から、進駐軍の指示により戦争関係の壁画十八点を展示から除外することになったという。

しかし、筆者の調べによればこの記述は誤りで、GHQが戦争関係壁画の撤去を指示したのは、後述の通り一般公開が始まって以降のことだ。たとえば『朝日新聞』が、一九四八年一月十日の公開初日の様子を、翌日の紙面に写真入りで紹介しているが、壁画撤去に関する記載はない。記事は、館内は閑散とし「明治大皇記念画八十枚だけでは広すぎる」ので、明治神宮では地階を美術展覧会場などに利用の予定だと憶測を伝えている。つまり、この日の壁画は八十点を欠いていなかったということだ。

「進駐軍側より何等意見なし」

では、GHQが撤去を指示するに至ったのはいつの時点か。平瀬の先行研究を参考に、該当のGHQ／SCAP文書を読み解いていきたい。

一九四五年十月二日に設置されたCIEは、日本の教育、宗教など文化的・社会的諸問題について情報を収集し、最高司令官に対して政策の助言をすることを職務とした。発足時は、計画・運営課、教育・宗教課、新聞・出版課、ラジオ課、映画・視覚メディア課が置かれていたが、一九四五年十二月に、教育課と宗教課が分離。美術に関しては、一九四六年の初めにCIE内に美術記念物課（Arts & Monuments division）が設置されている（竹前栄治『GHQ』）。一九四七年、美術記念物課は宗教課と合併し宗教文化資源課（Religion & Cultural Resources division）に課名を改める。絵画館の戦争壁画撤去に関わったのは、この宗教文化資源課だった。

資料によれば、宗教文化資源課が明治神宮に戦争に関する壁画撤去を命じることを決定したのは、一九四八年七月八日のことである。左は、同課の美術アドバイザー、J・M・プラマーが作成した文書を日本語に訳したものだ。文中、明治神宮職員に関する名前と肩書きについては筆者が補って漢字に改めた。

宗教文化資源課

J・M・プラマー

一九四八年七月八日

明治神宮

明治神宮権宮司　田中喜芳　様

明治神宮禰宜　福島信義　様
明治神宮外苑主事　金子靏吉　様
　明治アートギャラリーの戦争画

1、この書類に署名する者〔J・M・プラマー〕は、調査会のメンバーとともに絵画館の絵画を視察し、左記の作品を展示から撤去すべきであると合意した。
　五十八番　日清戦争における平壌での戦い
　五十九番　日清戦争における黄海海戦
　七十一番　日露戦争における日本海海戦
また、七十番の画題は「日露戦争における奉天での戦い」となっているが、「日露戦争における奉天での情景」に変更すべきである。
2、五十八番、五十九番、七十一番の壁画には、「展示から外しています」という趣旨の表示をすれば、撤去している期間も特に問題ないだろう。
3、この書類に署名する者は、文部省にこの旨を伝え、適切な処置を講じるよう要求することに合意した。

美術アドバイザー

視察が行われ、三点の壁画を撤去すべきことで合意し、文部省に処置を要求した。

一般公開からほぼ半年後、進駐軍は日清・日露戦争の場面を描いた三点の壁画の撤去と、一点の壁画の画題変更が必要であると判断した〔図4-3〕。重要なのは、戦争関連を描いた十八点の展示を禁じたのではなかったということだ。

この決定に至った前後の経緯を整理すると、確認できるところでCIEが最初に絵画館の戦争画を問題視したのは、一九四八年六月二十三日のことだ。同日付の書類には、宗教文化資源課のプラマーから文部省のタケイ〔サダカタ〕に宛て、絵画館における外国との戦争を扱った絵画について調査を要請した記録がある。これをうけ七月一日、タケイは調査の結果、絵画館には外国との戦争を扱った壁画が数点あることを報告。そこで宗教文化資源課は文部省に対し、問題となる恐れがある壁画（any objectionable pictures）を撤去するよう絵画館に要請し、その結果を報告するよう求めた。

しかし、文部省は絵画館を視察したもののなんら行動を起こさないことから、七月八日にプラマーが直接絵画館を検分することに決まった。紹介した七月八日付の文書は、まさにこのプラマー視察を経ての撤去指示ということになる。次いで七月十四日、文部省はC

図4-3　右上：58「日清役平壌戦」金山平三画
右下：59「日清役黄海海戦」太田喜二郎画
左上：71「日露役日本海海戦」中村不折画
左下：70「日露役奉天戦」鹿子木孟郎画　　外苑聖徳記念絵画館所蔵

表2　GHQ/SCAP文書に見る絵画館に関するやりとり

資料番号	発信元	宛先	日付	概要
1	RC(SEL)	Takei, ME	1948.2.6	文部省は絵画館の収入と収入源について報告すべきこと
2	RC(CFG)	Takei, ME	1948.2.12	文部省は絵画館の収入について報告すべきこと
3	RC(CFG)	Takei, ME	1948.2.19	絵画館（1948年1月10日再開）の日収は500円、この収入は維持費と給与に使われること
4	H.Tsunei	SCAP	1948.6.1	聖徳記念絵画館の戦争画は撤去すべきこと
5	RC(JMP)	Takei, ME	1948.6.23	文部省は戦争画について調査・報告すべきこと
6	RC(JMP)	Takei, ME	1948.7.1	文部省は調査・報告にもとづき、明治神宮に外国との戦争を描いた壁画の撤去を要求すべきこと
7	RC(JMP)	Takei, ME	1948.7.6	7月8日、ジェームス・プラマーが戦争画を視察のこと
8	RC(JMP)	Tanaka& Fukushima, Meiji Shrine	1948.7.8	明治神宮は問題のある3点の壁画を撤去すべきこと

出典：国立国会図書館憲政資料室所蔵 GHQ/SCAP 文書　CIE (C) 06269-06270

発信元のRCは宗教文化資源課を、（　）内はおのおの担当者のイニシャルを示し、SELがシャーマン・リー（Sherman E. Lee）、CFGがチャールズ・ギャラガー（Charles F. Gallagher）、そしてJMPがジェームス・プラマー（James M. Plumer）を指すと思われる。

シャーマン・リーはデトロイト美術研究所に勤務していた人物で、一九四六年に来日しCIEの美術記念物課（のちに係）で美術アドバイザーを務めた。先にも登場した美術アドバイザーのプラマーは、シャーマン・リーの後任にあたる。J・M・プラマーは、ハーバード大学を卒業した東洋陶磁の研究者で、ミシガン

図4-3　右上：58「日清役平壌戦」金山平三画
右下：59「日清役黄海海戦」太田喜二郎画
左上：71「日露役日本海海戦」中村不折画
左下：70「日露役奉天戦」鹿子木孟郎画　　　外苑聖徳記念絵画館所蔵

IE宗教文化資源課に対し、まもなくこの指示を明治神宮に伝え撤去を求めることを伝えている。つまり、絵画館から壁画が一部撤去されたのは、一九四八年七月十四日以降のことだ。

このことは、しかし、GHQがこの時点まで絵画館の壁画をよく知らなかったことを意味するものではない。むしろ、彼らはよく見て知っていた。というのも、前章で触れたように、接収中の絵画館は進駐軍将校の送迎会や慰労会の会場でもあったからだ。接収解除後の一九四八年三月二十日にも、絵画館中央ホールでダンスパーティーが開催されており、これは以後も度々行われている。

彼らは、戦争画を含む八十点の壁画を見ていたが、その壁画が「SCAPのポリシーに反する」とは認識していなかったのだ。たとえば、一九四六年の元旦には酒に酔って絵画館に来た米軍兵士と日本人女性が壁画の一枚を破損するという事件があった。その壁画は、結城素明が「内国勧業博覧会行幸啓」を描いた作品で、明治天皇の顔の部分が傷つけられていた。明治神宮は、外務省終戦連絡事務局を通じただちに進駐軍に抗議し、その後米軍憲兵将校らが絵画館の検分に訪れたという記録もある。

さらに、明治神宮の『社務日誌』によれば、一九四八年の一般公開にあたり、明治神宮の田中権宮司らは進駐軍の「ハント隊長」を訪ね、公開後は外国人拝観者からも拝観料を徴収したい旨を伝え、許可を求めている。この時に得た回答は以下のものだった。「絵画館は日本人側に返還し、神宮個人の所有に付、吾々進駐軍側より何等意見なし」。
進駐軍側より何等意見なし――。これが、一般公開当初の絵画館に対する進駐軍の態度だった。

戦争画撤去の背景――マッカーサーへの手紙

それでは、一九四八年六月二十三日になり、CIEはなぜ突然に絵画館戦争画を問題視するようになったのか。そして、明治神宮はなぜ三点の撤去と一点の画題変更ではなく、全部で十八点もの撤去を実施するに至ったのか。そこには、CIE側の態度に影響をおよぼした一人の日本人と、明治神宮の態度に影響をおよぼしたあるCIEの人間の存在があった。順を追って考察したい。

平瀬が調査したCIE文書の表紙には「美術記念物係が作成した会議報告書（一九四七年二月二日―一九四八年二月十二日）を含む」と内容の説明があり、さらに「Incomplete?」と、未完かもしれない旨のコメントが付してある。絵画館の案件について、まさにこの未完部分を補うと思われる資料が、CIE文書の他のファイルに存在した。同じく宗教文化資源課が作成した「Meiji Memorial Gallery（明治記念ギャラリー）」と題したファイルだ。［表2］は、ファイル冒頭に添付された全体概要で、これにより事態の推移をうかがうことができる。

表2　GHQ/SCAP文書に見る絵画館に関するやりとり

資料番号	発信元	宛先	日付	概要
1	RC(SEL)	Takei, ME	1948.2.6	文部省は絵画館の収入と収入源について報告すべきこと
2	RC(CFG)	Takei, ME	1948.2.12	文部省は絵画館の収入について報告すべきこと
3	RC(CFG)	Takei, ME	1948.2.19	絵画館（1948年1月10日再開）の日収は500円、この収入は維持費と給与に使われること
4	H.Tsunei	SCAP	1948.6.1	聖徳記念絵画館の戦争画は撤去すべきこと
5	RC(JMP)	Takei, ME	1948.6.23	文部省は戦争画について調査・報告すべきこと
6	RC(JMP)	Takei, ME	1948.7.1	文部省は調査・報告にもとづき、明治神宮に外国との戦争を描いた壁画の撤去を要求すべきこと
7	RC(JMP)	Takei, ME	1948.7.6	7月8日、ジェームス・プラマーが戦争画を視察のこと
8	RC(JMP)	Tanaka& Fukushima, Meiji Shrine	1948.7.8	明治神宮は問題のある3点の壁画を撤去すべきこと

出典：国立国会図書館憲政資料室所蔵GHQ/SCAP文書　CIE (C) 06269-06270

発信元のRCは宗教文化資源課を、（　）内はおのおの担当者のイニシャルを示し、SELがシャーマン・リー（Sherman E. Lee）、CFGがチャールズ・ギャラガー（Charles F. Gallagher）、そしてJMPがジェームス・プラマー（James M. Plumer）を指すと思われる。

シャーマン・リーはデトロイト美術研究所に勤務していた人物で、一九四六年に来日しCIEの美術記念物課（のちに係）で美術アドバイザーを務めた。先にも登場した美術アドバイザーのプラマーは、シャーマン・リーの後任にあたる。J・M・プラマーは、ハーバード大学を卒業した東洋陶磁の研究者で、ミシガン大学に勤務の後、一九四八年四月ころにCIEのポストについた。チャールズ・ギャラガーも一九四六年ころから美術記念物課に所属する美術の専門家で、日本語も流暢であったという（佐藤香里「GHQの美術行政」）。なお、宛先にあるMEは文部省の意で、タケイサダカタというのが担当官の名前だ。

この表から、一九四八年六月一日を契機として、それまで絵画館の収益に関する件に終始したギャラガーとのやりとりが、突如、戦争画の撤去を目的としたプラマーとのやりとりに変化を遂げることがわかる。

GHQの態度を変えたのは、H.Tsunei なる人物がSCAPに送った四番目の資料だ。果たして、CIE書類に挟みこまれていたのは「聯合軍司令部　マックアサー元帥様」と宛名が記された、一通の封書だった［図4-4］。

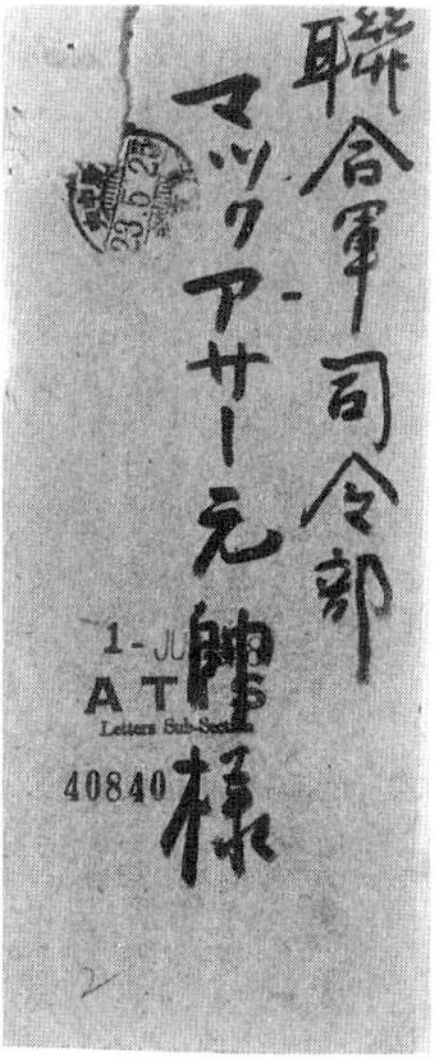

図4-4　マッカーサーへの手紙　国立国会図書館憲政資料室所蔵 GHQ/SCAP 文書 CIE (C) 06269-06270所収

以下が、その全文である。

戦争記念碑について
一、明治二十七・八年戦役記念碑
日本国が明治二十七年・八年、清国即中

華民国と戦い、其の勝利並に戦死軍人名を彫刻したる記念碑類

一、明治三十七・八年戦役記念碑

明治三十七・八年に渉り、露国即ソビエート国に対し戦い、其の勝利並に軍人名を彫刻したる記念碑類

一、国威宣揚碑

大東亜戦争に際し、日本国威を宣揚したる国旗を掲ぐる碑石

前記の記念碑類は、日本国大中小都市の公園地並に、郡市町村役場、社寺境内、各種学校構内等に其のまま建設せられてあり、まことに眼ざわりであります。速に之を撤去破壊せらるるやう切望致します。

尚又、明治神宮外苑絵画館に陳列したる絵画の中に、外国に対して戦い又は占領したる場面があります。之もポツダム宣言の意味に矛盾したるものと思ひます。

常井久太郎

聯合軍司令部　マックアーサー元帥閣下

常井久太郎とは何者か

常井久太郎なる人物は、日清戦役・日露戦役・大東亜戦争、いずれの戦争記念碑も「眼

ざわり」で撤去破壊すべきであると連合国軍総司令官に訴えた。そして、絵画館で外国に対する戦いや占領を描いた壁画を展示することも、戦争記念碑と同様にポツダム宣言に反すると糾弾している。ここでいうポツダム宣言違反とは、端的に軍国主義的であるとの意であろう。

マッカーサーに宛てたこの手紙は、一九四八年五月二十五日の消印があり、常井の住所は「千代田区丸の内」とのみ記載されている。GHQに届いた後は翻訳セクションが六月一日付で英語の要約を作成し、内部の閲覧に供したものと推測できる。

ファイルにはこの常井書簡のほかに、絵画館の英文パンフレットが納められている。このパンフレットには八十点すべての壁画の英題が紹介されているが、興味深いのは紙面に鉛筆の書き込みがあることだ。これによると、プラマーが七月八日に作成した文書で、撤去が必要と判断した三点の壁画番号がそれぞれ丸印で囲まれており、また、画題の変更を指示した七十番については、The Battle around Mukden during the Russo-Japanese War（日露戦争における奉天での戦い）のうち、Battle around（での戦い）のところに Scene at（での情景）と訂正の書き込みがあることがわかる。おそらく、プルマーが壁画検分の当日、実際に使用したパンフレットではないかと思われる。

常井久太郎とは何者か。

残念ながら特定には至っていない。ここでは記録がある同姓同名の人物についてわかるところを紹介する。その常井久太郎とは、明治美術会に所属した画家だ。明治美術会は、一八八九年（明治二十二）に小山正太郎、浅井忠、松岡寿らが中心となって創設した日本初の洋画家団体である。この会は、一八九三年にフランスから帰国した黒田清輝が白馬会を結成し、印象派風の明るい作風をもたらすと勢いを失い、一九〇一年に解散に至る。画家のなかには白馬会に移った者もあり、また一部は明治美術会の後継として太平洋画会を設立した者もいる。

常井久太郎は、創設時の明治美術会会報である『明治美術会報告』第一回・第二回（一八八九年）の編輯人として名前がある人物だ。また、一八九二年に開催された明治美術会第四回春季展覧会には、浅井忠の門人として「雛祭」と題した油絵を出品している（ただし、松岡寿に師事したという記録もある）。

明治期中等学校の図画教員を網羅的に調査した金子一夫氏によれば、この常井久太郎は一八九三年から一九二四年（大正十三）まで、長野県の上田中学校で図画教員を務めていたという。

ＧＨＱへ手紙を書いた常井久太郎が、明治美術会とつながりがあるとすれば興味深い。松岡寿をはじめ「振天府」を描いた川村清雄、奉賛会に委嘱され壁画の下絵を調製した五姓田芳柳二世など、絵画館の洋画揮毫者には明治美術会出身者が少なくないからだ。常井の人物調査は目下継続中だが、彼が戦争記念碑と絵画館の戦争画を問題視した背景と時代状況について、次節で考察する。

3、美術をめぐる占領政策

画家の戦争責任論

ここで視点をかえ、この絵画館問題と常井久太郎の主張を当時の歴史コンテクストから再考してみたい。

参照するのは、冒頭で言及した戦後の戦争記録画と戦争記念碑（銅像）の取扱いをめぐる二筋の問題系だ。両者に目配りをした平瀬礼太は、「銅像にしろ戦争画にしろ、結局誰がどのように評価するのかというところ（もしくはその手前）で宙づりになってしまった」と、占領下に揺れ動く美術の位置を指摘している（「戦争と美術コレクション」）。どちらの場合でも、GHQは熱心に調査し資料収集はするが、さまざまな思惑や立場の違いが絡み、結局のところ銅像追放や戦争画の破棄に至る積極的な措置を講じ得なかったというものだ。

戦争画の場合、戦後、画家の「戦争責任」を追及したのはGHQではなく、GHQの指示を受けた日本人でもなく、GHQに追及されることを恐れた日本人の同業者たちだった。

一九四五年（昭和二十）十月十四日、『朝日新聞』の「鉄筆欄」に、「美術家の節操」と題して藤田嗣治ほか戦争画を描いた画家を批判する文章が投稿された。「まさか戦争犯罪者も美術家までは及ぶまいが、作家的良心あらば、ここ暫らくは筆を折つて謹慎すべき時である」。執筆者の宮田重雄は梅原龍三郎に師事した洋画家だ。その後、一九四六年四月、百名を超す画家や美術評論家からなる「日本美術会」が結成され、これが戦後画壇の出発点となる。「民主的美術文化」の普及を目的に掲げたこの会が、設立後まもなくまとめたのが「戦争犯罪美術家」のリストだったという。ここにも藤田の名前があった（近藤史人『藤田嗣治』）。

しかし、画家の戦争犯罪者リストはGHQが作成を指示したものではない。というのも、GHQはこの時期、当の藤田らに協力を仰いで、日本の戦争画の収集に力を注いでいたからだ。その目的は、本国のメトロポリタン美術館で「日本征服」をテーマとした展覧会を開催することで、そこに戦争画を出品すべく目論んでいた。まさにこれは戦利品だ。結局、この展覧会は幻で終わるのだが、平瀬の調べによれば、そこには連合国軍最高司令官マッカーサーの懸念があったという。マッカーサーは日本の戦争美術の接収が合法かどうかを疑問視した。すなわち、それが芸術なら保護しなければならないし、プロパガンダなら破棄する必要がある。また戦利品であるなら他の連合国を無視するわけにはいかない。実際、オーストラリアやオランダが同じ戦勝国として、GHQに日本の戦争画の配分を要求していたことが確認されている。

このように多方面の思惑が絡み、GHQのなかで戦争画の処遇・価値判断は保留されていた。その後事態が動くのは、日本側がGHQに東京都美術館の接収解除を求めた一九五〇年のことだ。ここには、かつてGHQが「日本征服」展のために収集した戦争画が保管されていた。そこで翌一九五一年七月、GHQは都美術館を日本政府に明け渡すため、戦争記録画をアメリカに移送することになる。これが現在「無期限貸与」で東京国立近代美術館が保管する百五十三点の来歴だ。

一九四八年六月にさかのぼると、戦争画を取り巻く状況はこのようなものであった。常井久太郎が明治美術会所属の画家であったかどうかは不明だが、戦争画および戦争画を描いた画家を忌避する姿勢は、常井が別に特異なわけではなかった。また壁画撤去に関するGHQのおよび腰な態度も、戦争画の扱いそのものが「宙づり」にされていたことと無関係ではないだろう。

日本人による「戦犯探し」

GHQの占領政策は、日本の政府および民間団体から軍国主義・超国家主義を排除し、民主化を促すことを目的とした。そこでは戦争記念碑や銅像など、公共空間に立つモニュメンタルな存在の取扱いも当然、懸案の対象となった。戦争画の場合と同様に、ここでも日本人による「戦犯探し」が行われている。

一九四六年六月十日の『読売新聞』は、その年一月に交付された「公職追放令」を受け、「生きてゐる軍国主義者が徹底的に追放されてゐる時、彼ら銅像の武装解除と追放はどうなる」と銅像の処遇を問題にした。記事では、文部省社会教育局課長などの識者に取材し、「取り払ひに賛成　美術品の価値すらない」という見解を得たことを紹介している。

一方、CIEの宗教文化資源課は、「占領軍が偶像破壊運動を推進しているという印象を避けるため」、慎重な態度をとった。戦没者のための葬儀や記念碑に関する施策については、「非公式かつ義務的な指導」の形で日本政府と交渉したという（ウッダード『天皇と神道』）。

その議論の結果が一九四六年十一月一日、内務・文部両次官名で発表された「公葬等について」の通牒となる。

これは、記念碑や銅像の取扱いを含むもので、「公共の建造物及びその構内又は公共用地に存在するもので、明白に軍国主義的又は極端なる国家主義的思想の宣伝鼓吹を目的とするもの」は撤去することを求めている（『神道指令と戦後の神道』）。

さらに十一月二十七日には、内務省警保局通牒「忠霊塔忠魂碑等の措置について」が示され、より具体的な措置が定められた。ちなみに、この通牒には以下のただし書きがついていた。

「単に忠霊塔、忠魂碑、日露戦役記念碑等戦歿者の為の碑であることを示すに止るものは原則として撤去の必要はない」。

東京都はこの通牒を受けて、一九四七年一月二十五日、「忠霊塔、忠魂碑等の撤去審査委員会」を設置し、銅像の処遇について審査を行った。その最終決定で撤去が決まった八件は、広瀬武夫と杉野孫七像、佐渡丸、白襷決死隊など、そのほとんどが日露戦争に関するもので、撤去理由は戦意高揚や敵愾心《てきがいしん》の助長、国際友好の損害などであった（『銅像受難の近代』）。ＧＨＱのレポートによれば、一九四八年五月十五日現在で、「五六一三の記念碑および三五四の彫像は撤去され、八九〇の記念碑と一七の彫像はあまり目立たない場所へ移動され、九〇八の記念碑と二九の彫像の外観は変更され、あるいは、その銘は変更された」という（『ＧＨＱ日本占領史21』）。

ひるがえって同じ年の五月二十五日、常井久太郎はこの程度の撤去状況では不満でならなかったか。彼にとって戦争記念碑は日露役記念碑であれ、戦没者のための碑であれ、「眼ざわり」で撤去破壊すべきものであり、また、同じ理由から絵画館の戦争画もポツダム宣言に反した軍国主義あるいは超国家主義の残滓として、存置できないシロモノと映っていたのかもしれない。

ＣＩＥの宗教政策者は神道をいかに理解したか

常井久太郎の手紙はＧＨＱを動かし、絵画館から「外国に対しての戦い又は合領したる場面」を描いた作品を撤去するべく、彼らの態度を変えさせた。しかし、そこでＣＩＥが問題ありと認めた壁画は四点だった。最終的に十八点の壁画を取り外すことを決定したのは明治神宮自身である。

事態が動くのは、やはり六月一日の常井の手紙からだ。再び『社務日誌』を見れば、六月七日、田中権宮司と福島禰宜は文部省宗務課とＧＨＱ宗教課（ＣＩＥ宗教文化資源課のこと）に出向いている。要件は「絵画館壁画公開に付、検閲の必要有無照会の為」とある。次いで十一日にも再び両課に足を運ぶ。知りたいのはここから先なのだが、残念なことに『社務日誌』は一九四八年下半期がいかなる理由からか欠損している。

そこで当時、福島と同じく禰宜で、後に第八代宮司となる高澤信一郎が執筆した『昭和廿三年七月起　奉仕日記』を頼りに七月以降の動向を跡付ける（引用中、不明文字は□で示した）。

七月八日　一、午前ＧＨＱ美術部　ジェームス・プルマー、ミシガン大学極東美術部教授外□□□□通訳、来館検分

GHQ／SCAP文書が記すとおり、七月八日、CIE美術アドバイザーのJ・M・プラマーが絵画館に検分に訪れた。田中権宮司と福島禰宜が立ち会っている。「平壌の戦、黄海の戦、日本海の戦（58、59、71）、三面を撤去する方よろしと判断あり」。プラマーは確かに「外国との戦争」を描いた三点の撤却を指示していた。この後、宗教文化資源課は七月十四日付で文部省に対して正式に撤去の要請を伝えることになる。

しかし、これには続きがあった。

七月十九日、再び田中権宮司と福島禰宜は絵画館へ。GHQのある人物による壁画検分に立ち会っている。

その名をウィリアム・ケネス・バンス。CIE宗教文化資源課課長の登場だ。バンスは、一九四五年十二月十五日にGHQが発した「神道指令」の策定に、草案作成から関わった人物で、一九五二年の占領終結まで一貫して宗教行政に携わっている。

ウィリアム・ケネス・バンスは、一九〇七年（明治四十）、オハイオ州ガリポリスに生まれた。州立大学で歴史学修士を修めた後、来日し松山高等学校の英語教師として勤務した経験がある。帰国後、大学で歴史学博士を取得。その後、米国海軍予備役部隊に入隊し、海軍軍政学校で学んだ。一九四四年にプリンストン大学海軍軍政学校で地域研究部員となり、日本の占領計画策定に関与することになる。バンスは占領終結後も在日アメリカ大使館などで外交官として働き、長く日本と関わり続けた。

そのウィリアム・バンスは、日本の神道をどのように理解していたか。

神道指令発令後の一九四六年五月から、同じ宗教文化資源課で宗教調査を担当したW・P・ウッダードは、後に次のようにふり返っている（前掲『天皇と神道』）。

彼〔バンス〕は神道には二つの要素、すなわち政治的要素と宗教的要素があることを指摘している。バンスは政治的要素は、「国家への完全な忠誠と服従をとりつけるという目的で政府によって作られたカルト」の形で具現されていると述べている。宗教的要素は、「共同体の社会生活・宗教生活において重要な役割」を果たしている。……彼は、「神道指令」は、神道の政治的側面には反対するが、その宗教的側面には、事実上、論及していないと考えていた。

バンスにとって絵画館における戦争画の展示は、明治神宮における宗教的要素というより政治的要素として望ましくないという理解があったのかもしれない。同じCIEでも美術部門と宗教部門では、壁画に対する見方が異なったということだ。

美術アドバイザーのプラマーの眼には、明治神宮奉賛会が神経を使った内乱の壁画も、あるいは川村清雄が「振天府」に込めた鎮魂のテーマも問題とは映らなかった。彼の懸案事項は、常井が糾弾した「外国に対して戦い又は占領したる場面」をどう取り扱うかということで、そこで撤去あるいは画題変更の対象となったのが先述の四件である。

実は、プラマーが壁画検分で使用したと思われる英文パンフレットには、先の四点以外に、七十七番の「日韓合邦」にも鉛筆で印が付いていた［図4-5］。これこそ「占領」を画題にした作品に違いないが、撤去の対象にならなかった。なぜか。「戦い（Battle）」を「情景（Scene）」に言い換えることで掲示を許可した、「日露役奉天戦」の壁画の扱いが手がかりになると思われる。

鹿子木孟郎による奉天戦の作品は、大山巌総司令官を先頭にした日本軍が奉天城に入城する光景を描いたもので、戦いの場面ではない。同様に、辻永が揮毫した「日

図4-5　77「日韓合邦」辻永画　外苑聖徳記念絵画館所蔵

韓合邦」も、朝日に照らされた南大門前の様子を構図にした作品だ。つまり、プラマーは史実よりも絵画が提示するイメージを重視して、撤去か否かを判断したといえる。

一方のバンスは、宗教施設としての聖徳記念絵画館に「国家への忠誠」を称揚するような戦争画が展示されることそのものを懸念していたと考えられる。

地下室に格納された壁画

八月二日、田中権宮司は福島禰宜を帯同してGHQバンス博士を訪問。壁画の取扱いについて、「約二十点〔を〕……別室にして一様に□観せしめざるを可とす」という博士の個人的な見解を得た。明治神宮がこのバンスの意見に配慮したのは間違いないが、私見ではむしろ、田中権宮司らの方からこの件についてバンスに助言を求め、明治神宮はそれに基づき最終的な決断をしたように思われる。

というのも、バンスと明治神宮との往来はこの時に始まったわけではないからだ。早くも一九四六年六月十九日、明治神宮はバンスほか占領軍関係者を招いて見ごろを迎えた境内の花菖蒲田に案内し、その後懇談会を開催している〔図4-6〕。また翌一九四七年四月には、外苑にある憲法記念館（現・明治記念館）を結婚式場として使用してもよいか、再度バンスを訪ねて諒解を求め、賛同を得ている。

さかのぼれば神道指令発令以前から、神社関係者はバンスと直接コンタクトを取り、戦

図4-6　明治神宮と GHQ の人々。鷹司宮司（中央）と CIE のW・バンス夫妻（右隣）、左端は同じく CIE のW・P・ウッダード　明治神宮所蔵

後の宗教政策に関する会見を重ねた歴史があった。「１９４５―敗戦と明治神宮」の頁で触れたが、皇室にゆかり深い神社を宮内省管轄にする案が神社界では一時、検討されていた。この時、神社側との会見に応じ、そのような神社を別扱いするのであれば、民間の宗教とは見なさないので一般の参拝は認めない、とＧＨＱ側の見解を示したのも、このウィリアム・バンスであった。明治神宮もまたさまざまな案件で、バンスの見解や助言を求めていた。

一九四八年当時、明治神宮が何より懸案としたのは、第三章で詳述した「境内地帰属問題」だった。そもそも筆者がＧＨＱ／ＳＣＡＰ文書にあたったのは、この国有境内地問題を調査するためだった。その過程で、本稿に紹介した占領下の絵画館戦争画に関する資料にめぐり合うことになったものだ。

一九四八年四月、明治神宮は内苑については無償譲与を、外苑は時価半額での払下げを申請し、バンスを通じてその首尾を案じていた。事実、外苑については、その後、体育団体や文部省、東京都までがその権利を主張し、「外苑帰属問題」としてその紛糾ぶりを新聞が報じる事態になる。明治神宮にとっては絵画館どころか外苑そのものの存続が不確かになりそうな時期、戦争画の撤去については、今はことを荒立てずバンスの助言に従い、他日を期そうという意識が働いてもおかしくないだろう。

ところで、最終的に明治神宮が展示を取りやめた戦争関連壁画の十八点とは、具体的にどの作品であったか。公式の書類が見つかっていない。しかし、絵画館職員に伝わるところでは明治神宮奉賛会が設立当初「軍事」に類別した十八点と一致しているのではないかという。この十八点は一九五二年に再び展示されるまで、絵画館の地下室に格納されていた。

以上、外苑聖徳記念絵画館の戦争画に関する占領政策の形成過程を、「描かれた戦争」の取扱いをめぐり異なる人物の思惑が交錯するプロセスとしてたどりなおした。

戦後、絵画館では一九四八年の再公開後から五二年に占領が解除となるまで、軍事を描いた十八点が展示室から撤去された時期があった。これはＧＨＱの指示によるとだけ伝わっていたが、その詳細は不明だった。

本章では、連合軍の日本占領関係資料を精査し、これを明治神宮所蔵資料と突きあわせることで、絵画館の処遇に関わったＣＩＥ宗教文化資源課の動向を検証した。そこで新たにわかったのは、ＧＨＱに壁画の撤去を求めた日本人の側の働きかけがあったことだ。一九四八年六月一日、この外部からＧＨＱへの告発が契機となり、ＣＩＥは絵画館壁画の一部撤去に向けて調査に乗り出すことになったのだ。

ひるがえって、美術にあらわれた戦争と鎮魂を、今の我々はどのように受け止めることができるだろうか。絵画館は、そのような問いを見る者に投げかける場でもありそうだ。

1958 明治神宮の戦後復興

一神職の視点から見た明治神宮の昭和史

一九四六年（昭和二十一）五月三十一日午後七時。

明治神宮では、終戦直後の九月から半年あまりをかけて造営を進めた仮殿の竣功がなり、宝庫から御霊代《みたましろ》をお遷しする仮殿遷座《かりでんせんざ》の儀が行われた。

仮殿とは、焼失した本殿をはじめとする社殿群が本格的に再建するまでの間、神事を行う仮の社だ。境内では、戦後になって初めての「手数入《でずいり》」と呼ばれる奉納土俵入りが、大日本相撲協会によって行われた。安芸ノ海、照国両横綱がその大役を果たしている。以後、六日間にわたった諸行事は、明治神宮における戦後最初の大きな祭典となった。

神宮はこの仮殿竣功を機会に、六月一日から被災以来閉鎖していた神門を参拝者に開いた。この後、新しい社殿が完成するのが一九五八年、社務所ほか付属施設が再建を見るのは一九六〇年のことだ。敗戦から明治神宮が復興を果たすまで、約十五年間の歳月を要したことになる（『明治神宮　戦後復興の軌跡』）。詳細は割愛するが、ここではその戦後復興の軌跡を、当時をよく知る一神職の視点から見つめ直してみたい。

その神主とは、二〇〇七年（平成十九）、九十四歳でこの世を去った元明治神宮権宮《ごんぐう》司《じ》、副島廣之氏のことだ。一九四〇年に奉職し、八七年に退任するまでの四十七年間、明治神宮で神明奉仕に努めた。戦前から戦中・戦後まで、まさに明治神宮の昭和史を知り尽くした人物だ。

副島廣之は、一九一三年（大正二）十月、神職である副島知一の子に生まれた。幼少時は、父・知一が熱田神宮、鶴岡八幡宮、弥彦神社から住吉神社へと、宮司（熱田神宮は権宮司）として赴任するのにともない、各地を転々とする。やがて、息子の廣之も神職を志し、一九三四年に國學院大學神道部を卒業。和歌山県の熊野那智神社、大阪の坐摩神社を経て、一九四〇年に明治神宮に奉職する。皇紀二千六百年、そして明治神宮鎮座二十年祭の年のことだ。

廣之は、着任早々の一九四〇年六月二十七日、満州国溥儀皇帝の参拝に立ち会っている。さらに一九四三年十一月には、第二章で登場したチャンドラ・ボースやバー・モウなど、大東亜会議首脳陣の参拝が続いたが、副島廣之は「その精悍な、あるいは茫洋とした風貌」に接した一人でもある。

奉職から四年目の一九四四年、戦局の推移にともない、廣之は佐世保海兵団の補充兵として召集された。時に三十歳。八月十二日、出征の朝の写真には、息子を見送る両親と二年前に結婚した新妻・まき子らの姿が見える［図1］。

海軍では高射機関銃の訓練の後、福岡市郊外の志免《しめ》海軍直営炭鉱で警備隊に配属され

図1　副島廣之（前列中央）、出征の朝（1944年8月12日）。前列左が父・知一、廣之の左隣が妻・まき子　副島昌俊氏所蔵

た。一九四五年四月、明治神宮社殿炎上の詳細は、任地に届いたまき子からの手紙で知る。封筒には焼け屑の一片が同封されており、恐れ多さとともに悲憤やる方ない思いになった。

　八月二十四日、内地勤務だった廣之は召集解除となり帰京。直ちに明治神宮に参拝し、太い丸柱だけが黒こげで残る無残な姿に涙を流した。参道の林地には、焼夷弾がまだあちこちに突き刺さっていたという。この日から現場の最前線に立つ神職として、副島廣之は明治神宮の復興に文字通り奔走することになる。

国家神道より社会神道へ

　一九四六年二月三日に創立した宗教法人神社本庁では、当時、明治神宮第五代宮司の立場にあった鷹司信輔が、実質上最初の神社本庁統理に就任した。その就任挨拶では、新しい神社神道の可能性に言及し、神道人の奮起を促している。

我が神社は茲《ここ》に国家神道より社会神道へ、或は民族の宗教より世界人の宗教へ発展の機会を与へられたるものと云ふべく、従つて其の前途は多忙且つ洋々たるものありとも考へらる。否斯かる転機に際し、神社に其の本質を確保すると共に、旧来の陋習を破り、旧套を脱し、真に新たなる構想の下に、氏子崇敬者各位の強力なる支持を得て、其の内容外形を整備し、所謂《いわゆる》信教自由の原則に基き、普《あまね》く人類の信仰を贏《か》ち得ることに依り、其の福祉増進に貢献すべきものと信ず。(『神社本庁十年史』)

国家神道より社会神道へ。民族の宗教から世界人の宗教へ――。これが全国神社界のみならず、新たに宗教法人となった戦後明治神宮の基本方針となった。

これに基づき、仮殿遷座祭翌日の一九四六年六月一日、明治神宮崇敬会が結成を見る。その趣意書には、「明治神宮御創建の由来を明にし、広く全国崇敬者中の篤志家を以て明治神宮崇敬会を組織し、神宮の御経営を奉賛すると共に、御祭神の御盛徳を奉戴して永遠に崇敬追慕の誠を致し」と、その理念が宣言されている。

禰宜《ねぎ》の副島廣之は、文化課課長として崇敬会の業務を兼務し、新しい時代における新しい明治神宮のあり方を模索することになった。

一九四七年五月一日、崇敬会員二百六十名が参集して挙行された第一回崇敬者大祭は、その最初期の試みである。この日、仮殿前特設舞台では、宮内庁楽部楽友会によって舞楽が奉納となった。

副島は当時をふり返って言う。

「五月に大祭を行うこと自体が戦後始めてですし、ほんとの崇敬者が集ってお祭をするという感じでした。今では例年行われている浦安舞もこの時始めて奉奏されたわけです。むろん装束もありませんし、巫女もいませんからみんな他所から頼みました」(『代々木』一九六〇年四月号)。

後年、これが春の大祭となり、十一月三日の例祭を中心にした秋の大祭とともに、明治神宮を代表する祭典として発展することになる。

また、明治神宮では、戦後初めて神前結婚式を始めるが、これも広く国民に開かれた神社を目指してのことだった。

一九四六年一月二十日、記念すべき挙式第一号は、歌人の柳原白蓮と革命家・宮崎滔天夫妻の令嬢の婚礼だったが、これは副島の近所に住む白蓮門下の老婦人から依頼があり、実現に至ったという経緯があった。まだ仮殿竣功前のことで、式は境内に盛り土して拵えた仮祭場で行われた。

その後、戦地からの復員が増えるにつれ結婚式の件数も増加したことから、明治神宮は外苑にある憲法記念館を改装して結婚式場として使用することを企図する。これが、一九四七年六月に日本初の総合結婚式場としてオープンする現在の明治記念館だ。この開館にあたり、ウィリアム・バンスほかGHQ関係者と明治神宮とのやり取りがあったことは第四章で触れたが、この交渉のテーブルには副島の姿もあった。

一九五〇年、庶務課長も兼務となった副島が次に取り組んだのが、第三章のテーマともなった境内地帰属問題だった。

この外苑争奪戦で、副島はＧＨＱや体育団体関係者との折衝の矢面に立つ。やがて、一九五二年、明治神宮への返還が決まると外苑管理部の初代次長に就任し、新しい運営体制の整備までを担っている。この間、ＧＨＱとの交渉では、副島の機転が功を奏した出来事があった。

社殿再建事業の第一歩

一九五一年四月、マッカーサー総司令官の後任としてマシュー・リッジウェイが赴任した。傲岸不遜のマッカーサーと異なり、新任の総司令官は温厚そうな人柄に見えて、副島は好感を抱いた。そこで思いついたのが、リッジウェイを花菖蒲の盛りに明治神宮に招いて懇親の場を設けられないかということだった。このアイデアは、総司令官の秘書をしていた日系二世のマサト井上中将に容れられ、その年の六月二十三日に実現した［図2］。

これが功を奏し、特に進駐軍による接収解除の手続きは、当時としてはスピーディーにことが進んだという。一九五二年三月三十一日、外苑諸施設は占領軍より返還され、ここで名実ともに明治神宮の外苑として再出発する。副島廣之、三十九歳のことだ。

図2　GHQのリッジウェイ最高司令官夫妻を花菖蒲田に案内する副島廣之（右）　副島昌俊氏所蔵

この年の四月二十八日、前年に調印されたサンフランシスコ講和条約が発効し、日本はついに独立を回復する。十一月三日は、独立後最初の明治神宮例祭にして明治天皇生誕百年祭という記念すべき祭り日となった。この日、明治神宮は祭典終了後の直会の席で「復興計画案」を発表し、満場一致の賛同を得る。これが翌一九五三年八月の明治神宮復興奉賛会設立につながり、本格的な社殿再建事業の第一歩となった。

復興奉賛会では、資金造成計画として六億円を募金目標額にすると算定した。これは、本殿および拝殿などの社殿主要建造物のほか、社務所・参集殿などの付属施設の建設費も含んでいた。幹部委員会では、六億円のうち財界方面の法人募金が一億五千万円、東京都内の地域各世帯を対象として一億五千万円、全国道府県市町村の世帯に対しては三億円の募財を行うことが決定された。

一九五四年二月、副島は外苑管理部から呼び戻され、復興奉賛会事務局長を拝命。ここから奉賛金を募って全国を行脚する日々が始まる。

副島家のアルバムには、一九五四年秋、北海道出張中に駅のホームで立ち食い蕎麦をすする奉賛会一行の写真がある［図3］。その下には、かつての「公爵」・「内務大臣」とともに、「寒い寒い、やっとありついた」と書込みがある。公爵とは宮司の鷹司信輔、内務大臣とは奉賛会理事長の湯沢三千男のことだ。鷹司宮司以下による全国四十五道府県への懇請の旅は、在京日をいれておよそ一年あまりにおよんだ。

図3　1954年秋、復興奉賛会の地方出張中に駅で立ち食い蕎麦をすする鷹司宮司（中央）、奉賛会の湯沢三千男理事長（右）と事務局長の副島　副島昌俊氏所蔵

特に事務局長の副島は、月の半分が東京、半分が地方回りで、九州各県を一巡して東京に帰り、事務局に顔を出した後、自宅に戻らずにそのまま東北へ向かうということもしばしばだったという。この募金事業で全国から寄せられた奉賛金の総額は、当初の目標の六億円をはるかに上回る成果をあげた。

そして、迎えた一九五八年十月三十一日午

後七時。ついに仮社殿から新本殿へと御神霊をお遷しする時を迎えた。本殿遷座祭遷御の儀だ。新しい社殿の設計は、戦前から内務省の技師として全国各地の神社建築に携わった角南隆《すなみたかし》が手掛けた。角南によれば、戦前の社殿との大きな違いは、「拝殿の考え方を根本から改め」たことにあるという。

従来の社殿は、地方長官など限られた人々が祭りを行うことを想定し、一般大衆と祭りは中門によって隔絶されていた。それでは、「終戦後、神社と国家との関係は全く切り離され、氏子崇敬者による神社であり、祭典である事に改められた今日」としては全く不適当である。そこで、角南が選択したのは、本殿と拝殿を隔てていた中門を改めこれを内拝殿とし、拝殿の空間を内拝殿と外拝殿（従来の拝殿）とに二重化することだった。一般の参拝者に配慮した、拝殿の機能の分化であり拡充である。ここにおいて、新しい宗教・新しい明治神宮を目指して終戦直後に鷹司宮司が示したビジョンが、社殿建築という形で一つの実現を見たということができるだろう。

ボルヘスが語ったインスピレーション

以上、副島廣之という一神職の記録から、戦後の崇敬活動、境内地帰属問題、そして復興奉賛事業の内実をうかがった。副島はその後、一九七二年には権宮司に就任し、明治神宮における対外的な社会活動の基盤を築いていく。

海外における他宗教との宗教間対話にも力を入れ、一九八一年六月には、キリスト教、ヒンズー教、イスラーム教、ユダヤ教など、各地の指導者約百五十名が東京に集う「世界宗教者倫理会議」（WOREC）を開催。運営にあたり、副島は実行委員会の事務総長として要職を担った。

明治神宮では、海外要人による訪問も増え、一九七九年六月二十五日にはアメリカ合衆国第三十九代大統領ジミー・カーターが、一九八三年十一月十日には、同第四十代ロナルド・レーガンが参拝に訪れているが、副島は神宮側代表の一員として案内役を務めている［図4］。その大統領参拝の詳細は、第六章に譲る。

図4　1979年6月、米国カーター大統領を出迎えて握手する副島廣之権宮司　明治神宮所蔵

激動の戦後四十余年を明治神宮に捧げた一神職の佇まいは、世界から訪れる者の眼にも印象深く映ったのではないか。

一例をあげれば、『伝奇集』などの幻想文学で知られるアルゼンチンの作家ホルヘ・ルイス・ボルヘスがいる。

一九七九年、当時八十歳のボルヘスは国際交流基金の招きで初来日し、十一月五日から十二月三日まで約一月をかけて日本各所を巡った。旅の感想を問われ、一番印象に残ったのは神道の神主さん、仏教のお坊さんと話したことだと答えているが、この神主の一人が副島廣之だ。

滞在中に訪ねた社寺は多岐にわたるが、来日まもなく明治神宮から最初に受けたインパクトが強かったようだ。十一月八日にホテル・オークラで行われた記者会見で、次のような談話を残している。「前日の朝、明治神宮を散歩したときにわいたインスピレーションに、なんとか形を与えたい」(『読売新聞』〈手帳〉十一月十二日夕刊)。

一九七九年十一月七日(『社務日誌』では六日)、早朝。

来日三日目のボルヘスを明治神宮に案内したのは、著述家の松岡正剛氏と翻訳家の内田美恵氏の二人で、この時境内で対応したのが副島権宮司だった。ボルヘスは病でほぼ視力を失っていたが、玉砂利を踏む人々の足音に耳を傾けた。そして、その音を比喩の言葉に置き換えようと夢中になる姿が、傍らにいる松岡たちを喜ばせた(松岡正剛『本から本へ』)。

いったいボルヘスは、明治神宮でどのようなインスピレーションを得たのか。この質問には、ボルヘス自身が後日、内田のインタビューに答えて次のように回答している。文中、「宮司」とあるのはボルヘスの勘違いで、権宮司の副島廣之を指している。

発表するまでだまっていようと思っていたが、ざっと教えてあげよう。神宮の宮司と話をしていたときに思いついた。宮司がいろいろ説明してくれていて、そのひとつひとつに感動していた。言葉そのものでというより、かれの声と庭の空感と境内の静寂が心にしみ入るようだった。で、そのとき、詩を書こうと思いついた。ぼくが主語の形ではなくて、宮司が語っているようにする。ぼくが去ったあと、ぼくに言ったことをふりかえっているわけだ。ひとり言している。「ある日の早朝、とある盲目の老人が——南米からやって来たと言っていたが——わたしの話を聞きにきた」。かれを主語にして、かれの言葉を勝手に入れていく。最後のくだりで、じつはその宮司がぼくで、ぼく自身に向って話していたことがわかる。いい仕掛けでしょう? 日本での体験は詩の形でまとめるのがふさわしいと思う。(『旅人への贈り物 ボルヘス日本滞在誌』)

果たして、南米から来た盲目の老人と明治神宮の一神職をめぐる詩はいかに書かれたか。是非読みたいものだが、寡聞にしてその行方を知らない。

一方の副島は、一九八七年の退任後、自らの経験を自伝『私の歩んだ昭和史』『続・私の歩んだ昭和史』に綴った。筆者も本書執筆にあたり、常に手許で参照した稀有の記録だ。これらの著作はこれまでもこれからも、明治神宮が歩んだ昭和史を物語る一級の歴史資料であり続けるだろう。

第五章　祖国への眼差し

——日系移民たち

1、海の向こうから戦後復興を支えた移民たち

戦後日本にふさわしい神社を目指して

二〇二〇年(令和二)十二月二十三日、文化財保護法の規定により、明治神宮は「都心の広大な社叢に鎮まる近代の神社建築群」として重要文化財に指定された。指定の対象となったのは、本殿、内拝殿、外拝殿など全部で三十六棟におよぶ。これらの社殿のほとんどが、戦災で焼失後に再建されたものだ。

創建時の社殿設計は、内務省明治神宮造営局の伊東忠太が指導し、安藤時蔵と大江新太郎が担当している。当時の最新技術を取り入れ、一見、伝統的に見える社殿建築にも近代技術を駆使した。正参道の枡形(ほぼ九十度の曲がり角)から南北軸に沿って、鳥居・南神門・拝殿・本殿が軸線上に並び、より神聖な場に向かって徐々に地盤面を上げ、本殿が境内で一番高くなるように設計されている。社殿を秩序立てて配置するこのやり方は、のちの内務省管轄の神社のモデルとなった(藤岡洋保『明治神宮の建築』)。

一方、復興社殿の設計は、既述のとおり元内務省神社局の角南隆による。角南は焼失を免れた社殿を生かしつつ、内拝殿での祭式が見通せるように外拝殿の形態を整えるなど、

大規模な社殿群を、優秀かつ特徴的な意匠でまとめた。文化庁は、明治神宮の社殿を「戦後日本に相応しい神社を目指した建築群」として評価し、これが指定の理由となった。

「明治神宮復興奉賛会」海外支部の献金

戦後日本にふさわしい神社を目指して――。

明治神宮は一九五八年（昭和三十三）に復興を果たした。その再建資金の基を築いたのは、民間による団体「明治神宮復興奉賛会」が足掛け八年二か月をかけた募金運動だった。奉賛会による総額約六億円という募金は、国内で集められたものばかりではない。そこには、祖国を思って海外の在留邦人が寄せた献金も含まれていた。

復興奉賛会の記録によれば、北カリフォルニア、カナダ、ブラジルに相次いで奉賛会海外支部が結成され、その他ニューヨーク、ニューデリー、ハンブルク、バンコクなどの各都市、またアルゼンチン、ウルグアイ、ベトナムの各国でも、領事館や日本人会により募金活動が進められたという。海外からの奉賛金は、総額で一千三百二十三万四千七百三十九円に達している。近代神社建築の傑作と賞される現在の明治神宮の姿は、終戦後の困難な時代に国内外から寄せられた、多くの善意から成り立っている事実は意外と知られていない。

本章では、海の向こうから戦後を支えた日系移民たちの視点から、復興から成長へと発展を遂げる明治神宮および祖国日本の姿を見つめ直したい。

日本人の海外移住の歴史は、今から百五十年前にさかのぼる。一八六八年（明治元）、ハワイにおける砂糖きびプランテーションへの就労にはじまり、以後、北米や中南米へと移民先は広がった。現在、全世界に在住する移住者やその子孫の日系人の数は三百八十万人ともいわれる（岡野護『年表 移住150年史』）。「異邦人」をテーマとした本書で「在留邦人」を取り上げるのは、疑問を持たれる方もあるかもしれない。次節以降に登場する北米やブラジルの日系人は、移住の経緯も帰化の選択についても、各人各様だ。

邦人と異邦人のはざまから、彼らは戦後日本をどのように見つめ、そして何を思ったか。明治神宮との関わりを軸としつつ、それぞれの戦後史を海の彼方に遠望したい。

2、カリフォルニアのライス・キング国府田敬三郎の闘い

北米一世たちの奉賛活動

「1958—明治神宮の戦後復興」の頁で主人公にとりあげた神職、副島廣之は、明治神宮復興奉賛会で事務局長の要職にあった。海外の募金活動で多大な協力を得た人物につい

て、副島は回想録に名前をあげ、謝意を綴っている。いずれも日系人で、ブラジルの宮坂国人、カナダの花月栄吉、ニューヨークの松岡藤吉、そしてサンフランシスコの国府田敬《こうだけい》三郎《ざぶろう》の四名だ。明治神宮復興奉賛会で現地代表を担った人物たちである。このうちブラジルの宮坂については次節で触れる。

バンクーバーの花月栄吉は、戦前に山林経営で財をなし、カナダの林業王として名を馳せた。一八八三年（明治十六）、和歌山県日高郡湯川村（現・御坊《ごぼう》市湯川町）生まれ。日本を発ったのは一九〇六年のことだ。花月は財産で山林を買い、北米木材の輸出事業に乗り出す（『カナダ・アメリカの移民と花月栄吉・和田勇』）。

一九二三年（大正十二）には、バンクーバー島のファニー・ベイに山林三百エーカーを購入。山林から海岸へ鉄道を敷設した。木材の搬出に鉄道を用いるのは業界初のことで、カナダ林業界で先駆的な役割を果たした。戦後はトロントに移り、とくに日系社会の世話役として働く。カナダ日本人会会長のほか、日系コミュニティーの高齢者支援のため「寿会」という団体を設立。一九五五年（昭和三十）、明治神宮復興寄附世話人会会長に就任時は、この寿会の会長でもあった。一九六七年没。

一方、ニューヨークの松岡藤吉も、ニューヨーク日系人会で戦後二代目の会長を務めた人物だ。「ララ物資」という言葉をお聞きになったことがあるだろう。ララは、アメリカの宗教団体、社会事業団体などが加盟して組織された団体で、敗戦後の日本に救援物資を送った。支援は一九四六年から五二年まで行われ、ミルク、穀物、缶詰などの食料品をはじめ、衣類、学用品などが届けられた。その総額は、当時の金額で四百億円という膨大なものだった。

ララ物資は「アメリカからの贈りもの」というイメージが強いが、実はこの総額の二十パーセントを集めたのは、海外の日系人だった。松岡藤吉もまた、「日本救援紐育委員会」を組織し、ララを通じて祖国を救援した。この功績により後に勲四等を受章している。一九六四年没(「松岡藤吉氏〔訃報〕」『朝日新聞』一九六四年三月五日)。

さて、本節で筆者が詳しく取り上げたいのは、副島があげた四人目の人物だ。サンフランシスコの国府田敬三郎が奉賛運動に寄せた献身について、副島は次のように詳述している。

「サンフランシスコの国府田氏などは私の渡米を求め、「来れば州内各地の有力者がそれぞれ近辺の在米日本人、日系人を集めて小集会を行い、自宅に宿泊させ、翌日は次の有力者宅まで車で送る。こうして次々と有力者宅を回れば募金に成果があがるから」と親切なお誘いも受けたが、国内での活動が多忙で渡米までは日程上余裕がなかったのは今もって心残りがする」(『私の歩んだ昭和史』)。

明治日本からアメリカに渡った、ある日系一世の生涯をたどりたい。

日系移民の公民権運動

国府田敬三郎は、一八八二年、福島県石城郡小川村（現・いわき市小川町）に生まれた。父・吉定は磐城平藩士だったが、戊辰の動乱に敗れてこの土地に落ちのび、川のほとりの水車小屋で精米業を営んでいた（『国府田敬三郎伝』）。

敬三郎が渡米の大志を抱くまでには、一冊の本との出会いがあった。『米国富豪伝』という。エジソンをはじめする三十六人の成功譚で、一八九六年に日本語訳が出版されている。

「我が米国の尤も光栄とする所は、才器能力、用ふれば必らず其の報酬を得るの地たるに在り。功名利達の門戸を常に洞開して、奮励努力、以て之を求むる者の進入に一任するに在り」。

原著者ガーター・ホートンが序文で誇らしげに伝える、立身出世の国アメリカは、農家の三男坊である敬三郎にとって憧れ以上の存在になった。事実、十五歳の春には家出して上京。アメリカ相手に貿易を営む知人を頼りに、渡米の相談をしようとしたが失敗。あえなく福島に帰されたという逸話が知られている（『国府田敬三郎とアメリカの米づくり』）。

敬三郎は、その後周囲の勧めで福島師範学校に進み、卒業後の一九〇二年、三坂村立差《さ》塩《いそ》尋常小学校に初代専任校長として赴任した。十九歳から青年教師として教育に情熱を注

図5-1　国府田敬三郎、1930年代　国府田ファーム所蔵

ぎながら、ついに渡米の宿望を果たしたのは一九〇八年四月のことだ。

当時、増加する日本人移民を巡りアメリカ国内では排斥の声が高まっていた。この事態を鎮静化するため、同年に日米間で結ばれたのが「紳士協約」と呼ばれるもので、これにより日本から単なる出稼ぎ目的でのアメリカへの渡航が制限されている。そこで敬三郎は、米国の教育視察を名目に渡米を実現させた。

サンフランシスコに到着した敬三郎は、洗濯屋や缶詰工場などの立ち上げに挑み、稲作にたどり着くまでに十年の時を費やした。その間、一九一七年には、北米朝日新聞社長の世話で、同社に働いていた三重県出身の愛恵と結婚。二男一女をもうけている。

一九二七年、国府田敬三郎は大規模稲作を目指して、サンフランシスコ近郊の片田舎ドス・パロスに八千エーカーという広大な土地を取得する。カリフォルニア政府の土地収用法では、市民権がない一世の敬三郎では土地の購入が許されなかった。そのため米国籍である二世の息子名義で手に入れたものだ。ここで敬三郎は、飛行機から水田に種を撒くという、カリフォルニア米作史上で画期的な技術革新を行い、ライス・キングと称えられるまでの成功を手にすることになる［図5-1］。

しかし、日米開戦ですべてが一変した。

真珠湾攻撃から数か月後、一九四二年の春にはカリフォルニア州沿岸地方に居住する全日本人に退去の命令が下る。国府田敬三郎とその家族も、コロラド州の日本人強制収容所に入り、厳しい監理下で三年あまりの歳月を過ごしている。さらに、敬三郎にとってショックだったのは、信頼して農場を託した米国の友人に裏切られたことだろう。一九四五年八月、収容所から解放され急いで帰ってみると、敬三郎所有の土地の三分の二と精米工場が無断で売り飛ばされていた。

この時、敬三郎六十三歳。戦後、残された土地でいちから米作をやり直し、やがて登録商標の「KOKUHO ROSE（国宝ローズ）」で、カリフォルニア米を世界のブランドへ押し上げるまでに甦りを果たすのだ［図5-2］。

図5-2　国府田ファームのカリフォルニア米「国宝ローズ」
国府田ファーム所蔵

晩年、国府田敬三郎は己の人生を三期に区分して評することがあった。第一期は二十五歳までの日本での生活、第二期が渡米して日米開戦まで自分の事業に没頭した三十三年間、そして第三期がすべての事業を子供に譲り、世のため人のために尽くす余生の期間であるという。

その第三期の敬三郎が精魂を傾けたのが、日系人の民権擁護と帰化権獲得のための運動だった。

これまで日系人一世は、「帰化不能の外人」として市民権が認められなかった。そのために、敬三郎も米国籍が認められた二世の名義で農場の土地を取得した。それが終戦後、日系人の土地を州が没収するという挙に出たのだ。カリフォルニアの日系人たちは、まず、この外人土地法の廃絶を求めて一九四五年、民権擁護協会を設立。敬三郎はその会長として、日系人の権益擁護を期し募金活動に奔走した。

さらに、一九四七年には帰化権獲得期成同盟会長に就任。日系人の帰化を拒否する差別的取扱いについて米国政府に訴えた。この運動が実を結び、全米在住の日系人の帰化を認める新移民帰化法が成立したのは、実に一九五二年六月のことである（十二月二十四日から実施）。

「農政の神様」石黒忠篤との交わり

このように在米日系人のリーダーとして多忙を極める国府田敬三郎が、奉賛会の事務局長にも渡米を進めるほど、熱心に明治神宮復興事業に力を貸したのはなぜか。

そこには国府田と志を同じくし、農業による日米親善を願ったある人物との交わりがあった。

その名を石黒忠篤《ただあつ》という。農商務省・農林省の官僚から、一九四〇年には第二次近衛内閣の農林大臣に就任。戦後も、全国農民連合会会長、全国農業会議所理事など、農業関係の要職を歴任し、「農政の神様」と称された。

石黒忠篤は、一八八四年、陸軍軍医総監である石黒忠悳《ただのり》の長男に生まれる。父・忠悳は、忠篤を司法官にしたかったというが、息子が幼少時から関心を寄せたのは、「農」のことだった。中学四年生のころに将来の夢を問われ、「私は百姓になりたいが、なる自信がないから、せめて百姓を世話する人になりたい」と答えたというエピソードがある（『石黒忠篤伝』）。

その石黒忠篤と明治神宮との関わりは深く、戦前にさかのぼる。

一九三五年十一月二十三日、明治神宮では第一回新穀感謝祭が開催された。

これは新嘗祭の伝統に基づくもので、古くから宮中や全国の神社では、この日に新穀を供え祭典を行ってきた。この伝統を発展させ、国民的な祭典として収穫を祝う行事に拡大できないか。時の内閣調査局長官である吉田茂（後の厚生大臣、明治神宮総代）の発案により、この年から明治神宮の大前で行われることになったものだ。以後、毎年の祭典には全国各地から農林水産物が届けられ、食物への感謝と農業振興のための国民的行事として、盛況を呈した。石黒はこの新穀感謝祭の開催に、その第一回から関わってきた。

しかし、終戦後、神社が国の管理から離れると、市町村や公共団体を通じた野菜奉納が難しくなり、祭典の存続そのものが危うくなった。そこで、有志の篤農家らが「畑にある野菜を献納しよう」と声をかけ、明治神宮に持ち寄ったことが、新穀感謝祭が戦後に再出発する原動力となった。この「全国農民懇談会」という篤農家集団の中心にいたのが、当時公職追放の身にあった「農民の世話役」石黒忠篤だ。

彼らの思いはひとつだった。国家再建には食糧難を何とかしなくてはならない。一握りでも多く食料を増産し、農業で国を立て直すしか道はない。

明治神宮で行われる毎年の感謝祭は、日ごろの品種改良の成果を披露しあう品評会の場ともなった。現在は、都内・近県の農業関係者で構成される「明治神宮農林水産物奉献会」が、この伝統を引き継いでいる。

石黒は、公職追放が解けると、一九五二年から明治神宮新穀感謝祭の運営委員長を務め、この年の十月に明治神宮総代に就任。そして、翌五三年には明治神宮復興奉賛会の副会長を委任され、国内はもとより海外へも足を運んで奉賛事業に奔走することになる。

そもそも、海を越えて明治神宮への奉賛募金を訴えたのは、石黒が初めてではない。石黒忠篤の前には、渋沢栄一がいた。

大正創建時の明治神宮奉賛会でのことだ。一九一五年十月、渋沢はサンフランシスコで開催中のパナマ太平洋万国博覧会観覧を兼ねて渡米し、米国各都市およびハワイのホノルルを訪れている。「日本資本主義の父」と称される渋沢は、実業家の立場から日米親善に心を砕いた民間外交の先駆者でもあった。この米国行でも、当地の実業家はもちろん、現職のウィルソン大統領、ルーズヴェルト元大統領らと会談し、折からの日本移民問題について意見を交わしている（「ル氏と渋沢男の会談　日本移民を難し更に対支外交及戦後日米の位置を論ず」『中外商業新報』一九一六年一月六日）。

その多忙な旅程の間を縫い、渋沢は奉賛会副会長として各地の領事や地方有力者たちに献金を依頼。その首尾を逐一、同副会長で娘婿の阪谷芳郎に書き送った。

昭和の奉賛会副会長・石黒忠篤の場合も、その様子は渋沢の当時ととてもよく似ている。一九五四年十月、参議院外務常任委員長の職にあった石黒は、ニューヨークで開催される国際小農同盟総会に出席するため、アメリカに渡る。そして、会議が終了すると、ワシントン、シカゴを経てロサンゼルスに渡り、やはり各地で明治神宮復興奉賛への支援を募った。石黒もまた渋沢よろしく、約六週間の滞在中に三通もの書簡を明治神宮宮司に宛て、当地の様子を詳細に伝えた。

十月十六日、石黒はまず、ロサンゼルス総領事に面会。同地の日本人商工会議所では、本国からさまざまな寄附募集が相次いでいる折柄、明治神宮の奉賛までは協力しかねるという考えだと聞くにおよび、自ら地方巡りをして同胞に直接奉賛を訴えることを決意する。以下は、石黒の米国便り第二信より。当時七十歳にして、この奉賛行脚は凄まじいというほかない。

……直ちに郊外サンガブリエルの吉村和一氏（花卉《かき》種苗の老錬家）を訪ひ、自動車にてリバサイドを経て長駆。インディオ近郊のコアチエルラに永年棗椰子園経営の北川浅右エ門氏を訪問し、よく承諾せしめ、インペリアル平原ブラウレーに泊り、十八日、エルセントロ、カレッキシコのメキシコ境に出て、国境に沿ひ西下してサンヂェゴ郊外国境のチュラウィスタに農業経営の村岡三郎氏を訪ひ了諾を得、夜に入りデルマールに篤農知野純三氏を訪ひ快諾を得て、深夜オーシャンサイドのホテルに泊り……。

（明治神宮復興奉賛会『北米地区関係書類（一）』）

地方回りで好感触を得た石黒は、十月二十二日にサンフランシスコ入りし、ようやく旧知にして互いによき理解者である国府田敬三郎と再会するに至る。石黒は、ドス・パロスの国府田農場に宿泊。明治神宮復興奉賛事業の今後を託した。

「ロスの商工会議所会頭には追って手を打つから安心せよ」。この時、サンフランシスコ

図5-3　1957年春、来日中の国府田敬三郎夫妻（中央）と明治神宮関係者。後列左から２人目が復興奉賛会副会長の石黒忠篤、３人目が伊達巽権宮司　副島昌俊氏所蔵

日系人会会長でもあった国府田の心強い返答に、石黒がどれほど力づけられたかわからない。実際、石黒のサンフランシスコ滞在中、国府田は常に同道して、現地の領事館、新聞社、日系人有力者のもとに足を運び、石黒とともに頭を下げて回っている［図5-3］。

明治神宮復興奉賛会北カリフォルニア本部は、一九五五年三月三十一日付で発足し、国府田敬三郎が本部長に就いた。その設立趣意書には故国への思いがうたわれている。

> 神宮造営の当時も海外同胞より熱心なる援助を受け社務所に保管されている記録名簿に依れば三十九万六千余円に達する浄財が寄せられているとのことであります。私共海外同胞は常に敬神

の念に厚い故国を愛しその文化を誇っているもので、この度の御社殿再建に対しても一臂《いっぴ》の力添えを致すべきであると云う民族的義務を感ずるものであります。

米が結んだ日米の絆

カリフォルニアのライス・キングと「農政の神様」石黒忠篤を結びつけたのは、日本の農村青年を短期の農業実習生としてアメリカに派遣しようという国際事業だった。

この発案者が、石黒忠篤だ。一九五二年のことだ。若い農業従事者がアメリカで近代的農業経営を習得し、あわせて農民同士の協力を図ることは、国際的視野が不可欠なこれからの日本農業の振興につながる。あわせて外貨による労賃の収益を得れば、一挙両得となるのではないか。この理想に共鳴して米国現地に後援会をつくり、大多数の実習生を自身の農場で受け入れたのが国府田敬三郎だった。

一九五二年一月、この派米事業の母体となる国際農友会が設立。この年、第一回の実習生として四十七名の農村青年がカリフォルニアに渡り、約八か月を期間として農場生活を体験した。数千エーカーの水田に飛行機を駆使する国府田農場の経営に、日本の青年たちは度胆を抜かれたようだ。しかし、彼らが何より心惹かれたのは国府田敬三郎の高潔な人柄と、アメリカ人も敬意を表したという、その開拓精神だった。

「在米五六年のあいだ、常に在留邦人の陣頭に立たれて、その福祉増進のために貢献され、在米日系人の象徴としてその尊敬を一身に集めておられたのみならず、アメリカ人社会からも、アメリカ開拓史に不滅の光をかかげた偉人として万人の仰ぎみるところであったことを、私達それぞれにまのあたり拝見して、深い感動のうちに帰国いたしました」。（国府田敬三郎葬儀にて、海外派遣青年一同の弔詞より）。

実は一九五四年、明治神宮への奉賛を求めて行脚する石黒忠篤を支えたロス近郊の同胞（花卉種苗の吉村和一、棗椰子園経営の北川浅右ェ門……）とは、石黒や国府田と志を一にして日本からの農業実習生を受け入れた日系の農業人たちだった。

かつて、『米国富豪伝』を読んでパイオニア精神を刺激され、「福島からアメリカを目指した一人の明治青年は、時を経て昭和の農村青年たちの憧れの対象として、自ら立志伝中の人物となった。

この農業研修生派遣事業は、国際農友会を発展的に継承した社団法人国際農業者交流協会によって、今に続いている。

最後に感慨深いエピソードを紹介したい。

一九六〇年三月八日、石黒忠篤は、財界人の石川一郎を訪ね、その事務所を出たところで心筋梗塞の発作に倒れた。十日未明、帰らぬ人となる。その石黒が石川事務所へ出向いた要件とは、「国府田敬三郎氏叙勲方願」の上申書に署名をもらうことだった。

一九六〇年は、徳川幕府の咸臨丸がサンフランシスコに到着してからちょうど百年という、日米修好記念の年に当たった。この節目に、国府田を日本に招き日米友好の功労者として報いたいというのが、石黒最期の願いだった。叙勲の申請書を自らしたため、親しい人々に連署を求めて回る途中で、命を落としたのだ。

石川一郎は石黒の遺志を引き継ぎ、連署は続けられた。その年、国府田敬三郎は勲四等瑞宝章を受章するに至る。

農業による祖国再建に終生を懸けた、日米の交流史があったことを記憶にとどめたい。

3、日系ブラジル移民と神社人たちの戦後史

ブラジル移民百年の時を経て

二〇〇八年（平成二十）六月二十一日、サンパウロではブラジル日本移民百周年記念式典が日系人団体の主催により開催された。一九〇八年（明治四十一）六月十八日、第一回移民船笠戸丸が最初の日本移民七百八十一名を乗せて、ブラジルのサントス港に到着した。それから百年。

二〇一五年の調べによれば、世界全体の日系人約三百六十万人のうち、六割に相当する

約二百十三万人が今、中南米に暮らす。このうち約百九十万人がブラジル在住であり、この国には海外最大の日系社会が築かれている。この記念式典には、日伯交流年実行委員会の名誉総裁でもあった皇太子殿下（当時）が臨席し、お言葉を述べられた。当日はあいにくの雨模様ながら、サンポモドロ会場には日系五世、六世の世代まで、約三万人が集い大変な盛況であったという。

実はこの会場には、「明治神宮崇敬会ブラジル親善使節団」一行の姿もあった。崇敬会会員および明治神宮関係者による全二十名の一行で、滞在中には、現地日系人と懇親の会も催している。

繰り返しになるが、明治神宮崇敬会とは、戦後の宗教法人化にともない一九四六年（昭和二十一）に設立された団体だ。祭典・奉祝行事など、明治神宮の日々の経営を奉賛する。

一方、一九五三年に発足した明治神宮復興奉賛会は、社殿再建の奉賛を旨としたが、両組織はよく似通っていた。復興が完了し、一九六〇年に奉賛会が解散するにあたっては、その組織を発展的に解消して崇敬会に一本化した経緯がある。

つまり、移民百年祭に崇敬会が日伯親善使節を送った由来をたどれば、日系移民により明治神宮復興奉賛会ブラジル本部が組織された、昭和三十年代前半までさかのぼることになる。この奉賛会ブラジル本部が母体となり、その後、明治神宮崇敬会にブラジル支部が発足。日伯を人が行き来した時代があった。

一九五五年一月、在ブラジル君塚慎大使の紹介により復興奉賛会ブラジル本部長の任に就いたのが、先に名前をあげた「ブラジルの宮坂国人」だ。当時、南米銀行専務取締役で、戦後のサンパウロ日本商工会議所で初代会頭を務めた、在留邦人に信望の厚い人物だった。

文化人類学者としてブラジル日系人の宗教を長年調査した前山隆氏は、著書『異邦に「日本」を祀る』で、一九五〇年代以降に日系人の宗教活動が活発化した状況を論じている。母国の敗戦後、帰国を諦めてブラジルを祖国とすることを決めたとき、移民たちはブラジルに「日本」というエスニシティを祀ることで、「異邦」を「自分の国」に転換させようとした。それは、もうひとつの「日本」をブラジルの地に創出する試みでもある。この「日本」を彼らに与えたのが日本由来の宗教だった、と前山は指摘する。ブラジルにおける明治神宮奉賛運動を、この文脈で考えてみたい。

本節では、日系ブラジル移民と明治神宮との関わりを、戦後の神社界の動向とも関連付けて考察を試みる。

「勝ち組」「負け組」抗争を超えて

祖国を遠く離れた日系移民に神社への奉賛を呼びかける。これは明治神宮に限ったことではない。先例となったのが、伊勢神宮が行った式年遷宮の奉賛活動だった。

伊勢の神宮で二十年ごとに神殿や調度を造替する式年遷宮は、一九二九年に第五十八回御遷宮が空前の規模で行われ、次回は一九四九年に予定されていた。しかし、敗戦により実施が困難になったため四年間延期し、第五十九回式年遷宮は一九五三年に斎行されている。神宮では来るべき遷宮に備え、一九四九年に第五十九回伊勢神宮式年遷宮奉賛会を設立、全国に資金を募っていた。この呼びかけにブラジルを含む海外同胞が応えた。

神社界の専門紙『神社新報』一九五一年九月三日付の紙面には、「御遷宮に甦る祖国愛奉賛運動を契機に在伯邦人の対立解消へ」と題して、興味深い記事が掲載されている。「戦後六ヶ年に亘つて対峙したブラジル邦人の感情のもつれが、伊勢神宮式年遷宮の奉賛運動を契機として和解される機運を示し、ブラジル在留邦人は勿論のこと、関係者一同から喜ばれてゐる」。

戦後、ブラジルでは、約二十万人といわれる在留邦人を二分した「勝ち組負け組抗争」と呼ばれる対立があった。祖国日本の勝利を信じ敗戦を認めない「勝ち組」（または信念派）と、敗戦を認める「負け組」（または認識派）の抗争のことだ。勝ち組は、祖国の勝利を信じない負け組を不忠であると殺害におよび、二十数名が死亡、百七十余名が国外追放の対象となった。これにより、当地の日系社会には深刻な亀裂が生じ、長く尾を引いていた。そのような時、伊勢神宮の奉賛運動が移民間融和の一因となったというのだ。

まず一九五一年三月、負け組側の坂元靖という人物を中心に、現地で奉賛会ブラジル支部が結成された。サンパウロ在住の坂元は、陸軍士官学校（第二十期）の卒業ながら、軍籍を離脱して一九一四年（大正三）に渡伯。終戦後は、認識派の新聞「パウリスタ新聞社」に一時籍をおき、購読者勧誘に精を出していた（『物故先駆者列伝』）。

一九五〇年春、北白川房子神宮祭主が北白川宮成久王と士官学校時代に同期だった坂元に、奉賛活動の趣旨を認めた手紙を送ったことから、同年十月に坂元が奉賛会に連絡を取り、動き出したものだ。

一方、勝ち組では、一九五一年春の里帰り帰国で伊勢神宮を参拝した、郷原重登らが協賛を申し出たことで活動が始まった。一九六五年版の『ブラジル日系紳士録』によれば、郷原重登は、一九〇〇年福岡県朝倉郡甘木町（現・朝倉市）生まれ。一九一四年に渡伯後、妻の満寿恵とともにコロニア三大校といわれる日伯実科女学校を創立（一九三二年）し、校主の地位にあった。郷原夫妻は、伊勢神宮の荒廃ぶりから敗戦の実態を目の当たりにし、今は在留邦人が対立している場合ではない、と思うところがあったようだ。

「お伊勢さまの実情を拝んで心をうたれた。些細な感情のもつれから、在留邦人が対立してゐるといふ事は実にしのびないものがあり、そのため親類縁者のつきあひや、平常の生活にも不本意な事のみ多いが、今は小事にこだわつてゐる時ではなく、在留邦人が和合協力してお伊勢さまのお建替に尽すべきである」（『神社新報』一九五一年九月三日）。

伊勢神宮の奉賛会ブラジル支部は、負け組が第一支部、勝ち組は第二支部を名乗り、前者は七千三百三十一名、後者も四千二百十三名の会員を集めた。両支部を合わせて、一千一百万円を上回る奉賛金を納めている（『海外同胞に伊勢神宮御遷宮祭を語る』）。

同じころ、ブラジルの日系社会では一九五四年のサンパウロ市制四百年祭に向けて、日本人移民全体として参加協力を模索する動きが起きていた。一九五三年、サンパウロ市創立四百年祭典日本人協力会が発足し、これがブラジル初の日系人統一組織となった。その後、この協力会を引き継ぐ形で、一九五五年にサンパウロ日本文化協会が誕生。これが現在も続くサンパウロ日本文化福祉協会の前身で、ブラジル日系社会を束ねる役割を果たしている。

一九五五年、明治神宮復興奉賛会ブラジル本部長に就任した宮坂国人もまた、サンパウロ市制四百年祭の協力会では参与、一九六五年からはサンパウロ日本文化協会会長として、在留邦人の統合と日伯親善に力を発揮した人物だった。一九六七年、皇太子・同妃両殿下のブラジル訪問にあたっては、歓迎委員会委員長としてご案内役を務めている。

宮坂国人は、一八八九年、長野県諏訪郡豊田村（現・諏訪市）に生まれた。国人の父と母は結婚後まもなく不仲となり、実家に戻った母親のもとで「庶子」として育った。「小さい時から、わしは海外へ出たいと思った」という宮坂の幼年時代が、決して幸福ではなかったことが想像できる。

長じて海外移住事業に関心を持った宮坂は、神戸高等商業学校（現・神戸大学）を卒業後、まず移民会社と呼ばれる東洋移民合資会社に就職、その後、一九二七年には日本人の海外移住を促進する海外移住組合連合会で専務理事に就任した。この連合会に属するブラジルの組合が、通称「ブラ拓」こと、ブラジル拓殖組合だ。宮坂は一九三一年、ブラ拓専務理事として待望の海外移住を実現する［図5－4］。

図5-4　1931年4月、浅間丸でブラジルに向かう宮坂国人（右）　角田房子『宮坂国人伝』（南米銀行、1985年）所収

　ブラ拓は、ブラジルに土地を購入して日本人の移住地を建設し、さらに移住者が生産した産品を日本に輸出する貿易部門も担い、ブラジル移民の生活に深く関わった。後に、宮坂が副頭取となる南米銀行は、ブラ拓の銀行部事業を基盤として一九四〇年に新たに開業した銀行で、宮坂がその創設者の一人でもあった。

　勝ち組にしても負け組にしても、敗戦後に日本との音信が途絶え、自分たちは祖国に見捨てられた（る）のではないかという思いが根底にあった。

　南米銀行で長く宮坂の秘書を務めた山根剛は、戦後、宮坂が日系人の融和と日伯親善に精魂を傾けた背景には、ブラ拓が運んだ移民に対する贖罪の気持ちがあったのではないかとふり返っている。戦前、日本からたくさんの移住者をこの国に送り込んだ主導者の一人として、宮坂には「「この無辜の人びとをひょっとしたら棄民にしてしまったのではないか」といううしろめたさが心の深層にあったはずです」（角田房子『宮坂国人伝』）。

筆者には宮坂の心の奥底をうかがい知ることはできないが、ブラジルにおける明治神宮奉賛運動は、在留邦人の統一と、交流が途絶えていた祖国とのつながりを求める、多くの日系人の願いが投影されて実現したことは紛れもない事実であろう。

「明治」は遠くなりにけり——神社界のブラジル訪問

戦後の神社界はその再興にあたり、祖国を思う海外同胞の赤誠と篤志に大いに恃むところがあった。

たとえば、サンパウロの宮坂国人は明治神宮に宛てた書簡で、当地では伊勢神宮および明治神宮への奉賛募金のほかに、橿原神宮や東本願寺などからも寄付金の依頼が相次ぎ、直ちに多額の献金を募ることは困難だろうと率直に実状を記している。

その後、一九六八年十月には、明治維新百年、ハワイ移民百年、ブラジル移民六十年を記念して、神社本庁が「神道人宗教親善使節団」を組織。ハワイ、アメリカ、メキシコ、ブラジルを巡り、各地の日本移民を訪ねている。一行は神社本庁・林栄治事務総長を団長として十二名からなり、金刀比羅神社琴陵光重宮司、出羽三山神社大川武雄宮司、鉄砲洲稲荷神社中川正光宮司らが名を連ねた。ちなみに、宮坂はこの時も、日本文化協会会長としてサンパウロでの案内役を務めている。

ところで、この使節団には、伊勢神宮の徳川宗敬《むねよし》大宮司も名誉顧問として同行していた。その目的は、新設間もない「伊勢神宮海外同胞崇敬会」について、その趣旨を現地で説き会員を募ることだった。この崇敬会は、元外務大臣椎名悦三郎を会長として同年五月に発足した組織で、「海外同胞の母国愛を、お取り次ぎして、伊勢神宮に結集する」ことにより、民族百年の将来の精神運動に一大炬火を点じようというものだった(『瑞垣』八十一号)。

一九五四年、取材旅行でブラジルを訪問した評論家の大宅壮一は、在伯邦人の印象を問われ、「ブラジルの日本人間には、日本の明治大正時代が、そのまま残つている。明治大正時代がみたければブラジルに観光旅行をするがよい」と語ったという(深沢正雪『「勝ち組」異聞』)。ブラジルには明治日本がある。失われつつある本当の「日本」がブラジルにはある――。当時、神社界が「海外同胞の母国愛」に期待を寄せた背景には、むしろ本国における母国愛、あるいは社寺への崇敬心が揺らいでいるような危機感があったのではないか。

一方、ブラジルで神道人使節団を迎え入れた側にはどのような期待があったか。

ここでは、神社界と日系移民の仲介役を果たした人物として、日系ブラジル新宗教の教

図5-5　1968年4月2日、ブラジルから里帰り来日し、明治神宮に参拝する日系移民団とブラジル大神宮宮司の森下鈴子（中央）　明治神宮所蔵

祖となった一人の女性に着目したい。日系一世で、サンパウロ州アルジャ市にブラジル大神宮を創建した森下鈴子のことだ［図5-5］。

森下鈴子は、一九〇八年、加持祈禱を専らとする行者の家に生まれた。一九三二年、夫・光年とともに農業移民としてブラジルに渡り、カフェランジャの平野植民地に入植した。二人の子供を得て、その後サンパウロ市に出るが、夫婦ともに病苦に悩まされる。当初は数年で帰国する予定が日米開戦でそれも困難となり、毎日一心に神に祈ったところ、ある日、啓示を得た。

「帰国する事の叶わぬ日本の事は忘れて、此の地に心の根を下ろし、加持祈禱に依って悩み苦しむ者を救い導き、其の身はブラジルの土となれ」。

一九四〇年、森下は人救いの祈禱をはじめ、「神乃家」を創設。戦後の一九五五年には、ブラジル政府から社団法人「神乃家・八百万教」として認可を受けるに至る。

しかし、終戦から十年を経たこのころ、森下の心には満ち足りないものがあった。ブラジルには母国日本の北から南まで、さまざまな人が集まっている。彼らのためにも日本全国の氏神様を祀る神社が必要だ。私の使命は、ブラジル日系コロニアの総氏神神社を建立することではないか。

そこで森下が、一九六七年からアルジャ市に遷座して社殿造営を進め、新たに名乗った教団の名が、現在の「神乃家ブラジル大神宮」だった。以上の記述は、『森下鈴子橋教祖開祖五十周年誌　あゆみ』に収録された森下本人の筆による。

人救いの祈禱から始まった一新興宗教が、ブラジル日系人の総氏神神社となるために——。

ここで森下が頼りにしたのが、母国の既成宗教組織である神社本庁であり神社人たちだった。

まず一九六五年、森下は養子で日系人の佐藤友保を後継の宮司に据えるにあたり、神社本庁が定める神職資格を取得させるため、二年間國學院大學に留学に出している。この間、東京で佐藤の面倒を見たのが、鉄砲洲稲荷神社中川正光宮司だった。さらに、ブラジル大

図5-6　1968年10月、ブラジル大神宮で明治百年ブラジル国日本移民六十周年記念式典を斎行する神道人海外宗教親善使節団　富岡八幡宮所蔵

神宮に伊勢神宮の「神宮別大麻」を合祀することを思い立ち、留学中の佐藤を通じて神宮司庁に申請。これも、富岡八幡宮の富岡盛彦宮司らの助力を得て、一九六八年五月に授与されている。この別大麻は、ブラジル大神宮の中宮に神璽として祀られた。同年十月、徳川宗敬大宮司を含む神道人親善使節団が滞在中にブラジル大神宮を訪れ、その神前で明治百年ブラジル国日本移民六十周年の記念祭を斎行したのは、このような経緯があってのことだ［図5-6］。

その後、ブラジル大神宮はブラジルの総鎮守、ブラジルの伊勢皇大神宮様として日系人社会に支持を広げることになる。まさに前山隆が指摘するように、森下鈴子にとって異邦に神社を祀ることは、ブラジルに新しい「日本」を産み出す行為でもあった。

移民先没者への慰霊を込めて

ブラジルでは、移民から七十年にあたる一九七八年から一九八八年の移民八十年にかけて、日系社会が最も成熟した時期であったといわれる。この間、ブラジル大神宮には神社界の奉賛により神輿が献納されるなど、人とモノの往来が盛んにあった。また、海外神社に詳しく、本調査でもお世話になった前田孝和氏によれば、金刀比羅神社（一九七九年鎮座）、南米大神宮（一九八〇年宗教法人設立）、ブラジル熊野神社（一九八六年鎮座）など、ブラジルでは昭和五十年代以降に建立された神社も多く、本国の邦人と日系人が神社を通じて最もよく交流した時期であったともいえる。

明治神宮でも一九七八年六月には、ブラジル移民七十年記念式典に合わせて、高澤信一郎権宮司（後の第八代宮司）を団長とした崇敬会の親善使節団を派遣している。この式典には、皇太子、皇太子妃両殿下が臨席した。

崇敬会一行は、現地でブラジル大神宮の森下鈴子や継嗣の佐藤友保も招き、在留邦人との懇親会を開催している。この時の懇談が契機となり、二年後の一九八〇年、明治神宮鎮座六十年の年に誕生したのが、明治神宮崇敬会ブラジル国支部だ。九月一日、サンパウロ市にある南米銀行本店で行われた結成式には、日本からも在間完一郎権宮司らが駆け付けて出席。会員は三百名だった。この支部結成にあたり、現地で準備委員長を務め、初代支部長となったのは、ブラジル都道府県人会連合会会長の和田周一郎という人物だった。当時七十九歳の日系一世は、祖国に対するどのような思いを明治神宮に投影したのか。

和田周一郎は、一九〇一年、奈良県南葛城郡御所町（現・御所市）の旧家に生まれた。和田家は菊水を家紋とし、楠木正成の楠木家に連なる一門で、周一郎はその跡取り息子だった。後年、和田は移住の理由を聞かれると「日本からの逃避行で」と笑い話で答えたというが、畝傍《うねび》の名門中学に進学したものの落第し、大学にも進学できず、名家の末裔として悩み多き青年時代を過ごしたようだ。一九二三年六月、新天地をブラジルに見出した和田は両親を説得し、大阪商船のしあとる丸で日本を発った。

和田はまず、「ブラジル移民の父」と称された上塚周平がサンパウロ州プロミッソンに開設した「第一上塚植民地」で、契約農からスタート。それから六年を経て独立農となり、熊本県の海外協会が建設したビラ・ノーバと称する植民地で、コーヒー栽培に着手する。これは、まったくの原始林を切り拓いてコーヒーを植える、まさにいちからの開拓だったという。その後、一九三六年にミランダ・ポリスにコーヒーの精選工場を建設。マキニスタと呼ばれるカフェ精選業者として頭角を現し、戦後もコロニア有数の実業家にまで発展を遂げる。

戦後の和田は、日本へ四度里帰りを果たした。その一度目は一九五一年八月、日系旅行社による旅行団に加わっての帰国だった。羽田はまだバラック建てで進駐軍の管理下にあった。
この時、和田は、夢にまで見た祖国の荒廃ぶりに茫然とし、二度と故郷の土を踏むまいと決意して帰伯したものだという。

神社仏閣は荒れはて、最も驚いたのはあの荘厳と華麗な神域を誇った奈良の橿原神宮、神武陵も参詣人ほとんど皆無で、沿道の茶屋、土産店前は莚を拡げて大豆や籾を乾してあった。……また、古都奈良市を観光したが、猿沢池の鯉や神鹿も戦争中食糧難のため、大半誰れともなく喰ってしまったとかで、鹿の姿もまれだった。

ホテルは進駐軍将校の宿舎で吾々の宿泊を許されず、街路には進駐軍が我がもの顔に横行、日本女と戯れる姿をみて全く嘔吐を催し、また何処へ旅行しても不愉快なことばかりで、滞日四カ月、再び故郷の土を踏むまじと決心して帰伯した。(『菊のした水　和田周一郎伝』)

その和田周一郎は、一九八〇年十一月、明治神宮崇敬会ブラジル国支部長として会員約二十名とともに四度目の訪日を遂げることになった。明治神宮鎮座六十年祭にあたり、十一月六日に行われた天皇皇后両陛下、皇太子および皇太子妃両殿下の御参拝式に参列するためだ。

図5-7　1980年11月、明治神宮鎮座60年祭にあたり皇太子殿下からお言葉を賜る崇敬会ブラジル国支部長の和田周一郎　『海外新聞』1980年11月25日

この日の参拝式終了後、思いがけない出来ごとがあった。

「そのシーンは参拝をすませられた陛下が外拝殿より楼門に向われた折に見られた。「天皇陛下万歳」という一般参拝者の声がまだ消え去らぬ時、陛下は三歩、四歩とブラジル代表者の前に進まれた。陛下は「遠い所よりようこそ……、日伯両国親善のために寄与してくれることを希望します」」（『日伯毎日新聞』一九八〇年十一月十五日）。

天皇陛下のお言葉をいただいたブラジル代表者とは、ほかならぬ和田周一郎支部長のことだ。参拝者の前で陛下が口を開いたのはこの時のみで、それだけにブラジル会員の喜びもひとしおであり、日本各地の代表者にも強い印象を与えたようだ。和田はこの後、皇太子殿下にもお言葉を賜っている［図5－7］。

皇太子のお言葉はどのようなものであったか。

『日伯毎日新聞』は触れていないが、和田本人が書き残している。皇太子はまず、和田の前で足をとめ、「移民七十周年祭には、みなさんにたいへんお世話になりました」とお礼を述べられた。和田が感情を揺さぶられたのは、殿下が特に念を込めて最後に口にした次の言葉だった。

「先没者慰霊碑を大切にするように」。

サンパウロ市のイビラプエラ公園内には、亭々とそびえるユーカリの大樹に囲まれて「日本移民開拓先没者慰霊碑」が建っている。一九七五年八月、各地の日系移民が資金を出し合い建立したものだ。ブラジル都道府県人会連合会会長として、和田周一郎が意欲をもやし、執念ともいえる気迫で成し遂げた事業が、この慰霊碑の建立だった。

一九〇八年の移民開始以来、貧困やマラリアなどの風土病で命を失い、誰一人弔う人なく奥地の草むらで眠る無縁仏は数多くあった。その先達の霊を慰めたい――。それが、建立募金運動の陣頭指揮を執った和田の思いだった。思えば、かつて荒廃した祖国の姿に和田周一郎が流した悲憤の涙も、志むなしく生涯を終えた先駆者たちの無念を思ってのことではなかったか。

やがて、黒御影でできた慰霊碑の地下室には、各県人会別の過去帳が納められた。現在も六月十八日のブラジル移民の記念日には、碑の前で慰霊の法要が行われている。

一九八〇年の御参拝式に話を戻せば、和田にとって「先没者慰霊碑を大切にするように」という皇太子殿下のお言葉は、移民の開拓者に対するこれ以上ない手向けと感じられた。

事実、明治神宮を後にして無事に帰伯した和田が、空港から真っ先に駆け付けた先は、ユーカリ林に鎮まる慰霊碑だった。

「私が黒御影の慰霊碑に対したとき、神宮境内で感じた激情が再びほとばしり、私は土下座して拝跪していた。その一老移民の瞼からとどめなく、爽かな感涙が流れていた」（和田周一郎「皇太子殿下のお言葉」『菊のした水　和田周一郎伝』）。


以上、本節では明治神宮および神社界と交わりを結んだブラジル日系人をテーマに、時系列で戦後史をふり返った。

昭和三十年代の復興奉賛事業では、日系移民同士の対立融和を目指した宮坂国人という人物がいた。昭和四十年代、神社界と日系人の仲介役となった森下鈴子には、日系社会の総氏神をブラジルに実現したいという宿願があった。そして昭和五十年代、明治神宮の崇敬活動を現地で推進した和田周一郎には、何より移民の先駆者たちの霊を慰め、その労に報いたいという思いがあった。

明治神宮百年の森に吹く風は、カリフォルニアのライス・フィールドで稲穂を揺らし、あるいはサンパウロのユーカリ林を吹き抜けて、海を渡ってめぐり来たる風でもある。

1964｜明治神宮とオリンピック

もうひとつの森づくり——備林の始まり

一九六四年（昭和三十九）十月十日。前日の大雨から一転、雲一つない青空の下、第十八回オリンピック競技大会が開会の日を迎えた。この日、会場となった東京の国立競技場では、これまでで最多となる九十三の国と地域からの選手を、観衆が大歓声で迎えた［図1］。

この開会式前日の九日、明治神宮では高松宮殿下の臨席のもと、オリンピック東京大会成功祈願祭が執り行われ、神前で新作舞楽や神楽舞が奉納されている。これは、聖火芸術新作委員会とオリンピック東京大会組織委員会、日本美術国際委員会、毎日新聞社などの共催によるものだ。聖火芸術新作委員会とは、美術をはじめ邦楽・洋楽などの各界が関わり、古典芸能にオリンピック精神を織り込んだ新しい作品の制作を手掛けた団体で、その会長にはオリンピック招致にも尽力したジャーナリストの高石真五郎が就いていた。

小雨模様の午前十時、神職による成功祈願祭に続いて奉奏された作品は、その名も

図1　外苑と国立競技場の上空に描かれた五輪のマーク　『アサヒグラフ増刊 東京オリンピック』1964年11月

「天地栄光」。全四章からなるこの新作のうち、第一章の舞楽「天地」、第二章・神楽「聖火」が、宮内庁式部職楽部のメンバーで構成された雅楽紫絃会によって披露された。当日は、聖火芸術新作委員会会長の高石をはじめ、オリンピック組織委員会副会長田代茂樹、IOC関係者ほか各国大公使等二百余名が参列し、無事の開催を祈った。

一方、開会式が行われ、オリンピックのメイン会場となったのは、かつての外苑競技場。

一九五六年に明治神宮の手を離れて、国立競技場として建て替えられたことは第三章で述べたとおりだ。オリンピック期間、外苑は組織委員会の要請に応じ、各施設を提供して開催に協力している。たとえば、神宮球場では開会式翌日の十一日、デモンストレーション競技（公開競技）として日米の野球対抗試合が行われた。試合は、全米選抜チームが全日本学生選抜チーム、全日本社会人選抜チームと対戦し、それぞれ二対二、三対〇の成績を残している。ただし、選手たちは、「JAPAN」ではなくそれぞれ「KOMAZAWA」と「JAPAN EXPRESS」のロゴを胸にしたユニフォームで試合に臨んだという（岡邦行「『東京オリンピック』と『野球』」）。

野球がオリンピックの正式種目となったのは、それから二十八年後、一九九二年（平成四）に開催されたバルセロナ大会のことだ（二〇一二年のロンドン大会で正式競技から外され、2020東京大会では開催都市の提案により追加種目として実施）。

外苑では、ほかにも第二球場スタンドが団体入場者の待機場となった［図2］ほか、

図２　開会式当日、選手の集合場所となった外苑の中央広場　明治神宮所蔵

球場内の各部屋は外国通信社のプレスルームとして利用された。また、競泳競技は新設された代々木オリンピックプールで行われたが、神宮プールは、期間中は温水にして、各国選手の練習場として利用された。さらに、オリンピック組織委員会から中央広場を補助競技場に使いたいとの要請があり、明治神宮では軟式球場を一時休止して、これに応えている。広場には、アンツーカーを撒いて固めただけの簡易なものだったが、四百メートルトラックのほか、ハンマー投げ、円盤投げ、砲丸投げ、やり投げ、走り幅跳びなどのフィールドが造られた。これらは全て選手の練習用に供された。広場の向こう

に絵画館を見上げれば、日の丸とともに参加各国の国旗が秋空に高々とはためいていた。

ここで、明治神宮には一九六四年のオリンピック開催を契機に始まった、新しい歴史があることも紹介しておきたい。

「1958―明治神宮の戦後復興」の頁で触れた社殿再建事業では、ヒノキを主にして一部にスギ材を用いた。これらは林野庁の厚意により、国有林の巨材の払下げを受けて実現したが、その用材の総量は一万二千石の多きに達するものだった。折しも東京ではオリンピック開催が決まり、新幹線や地下鉄、競技会場などの建設が始まる。その一環として一九六〇年、明治神宮内外苑境内の一部が首都高速道路建設敷地に指定された。

実は、このオリンピック関連事業のために譲渡した土地の補償金で、明治神宮は外部に山林を買い求める。これが今につながる「明治神宮備林」の始まりとなる。

社殿造改修用材の生産を目的に、明治神宮が外で森を育てていることはあまり知られていないかもしれない。現在では全国に五か所、約一千ヘクタールに拡がっている。

なぜ外に森をつくるのか。その趣旨は「備林設定の目的」に明快だ（『明治神宮境内総合調査報告書』）。

一、内外苑境内の一部を割愛譲渡したので、新たに山林を買いとり境内の延長と見做し、境内縮小のお詫びと償とする。

一、できる限り「ヒノキ」「スギ」を植栽して、かねての希望である「国土への御礼植栽」を達成することができること。

大正創建時に全国の献木と奉仕で実現した森を、オリンピックのためとはいえ割譲したことをお詫びし、さらに社殿復興で国土の緑をお分かちいただいた御礼として、境内ではなく境外に新しい森をつくる。昭和の先達の鮮やかな発想の転換には目を見張るものがある。

この計画は一千町歩の森づくりを期して進められ、現在までにその目標をほぼ達成している。明治神宮備林として、①芝川備林（静岡県富士宮市）、②秩父備林（埼玉県秩父市浦山）、③清内路《せいないじ》備林（長野県下伊那郡阿智村清内路）、④那智備林（和歌山県東牟婁郡那智勝浦町）、⑤芝川備林富士施業地（静岡県富士市）の五か所が該当する。

このうち、秩父備林は浦山ダム、那智備林は熊野那智大社の別宮、飛瀧《ひろう》神社の御神体である大滝の水源林に相当する。社殿の御用林としてはもちろん、国土の水源涵養林として、備林は確かに御礼の森へと生長を遂げつつある。

それぞれのオリンピック

ところで、これまでこの本に登場した人物たちは、一九六四年のその時をどのように迎えたか。

オリンピック開催にあたり、明治神宮に隣接したワシントンハイツ住宅地区が「代々木選手村」となった。戦後、進駐軍が代々木練兵場を接収し、ここに米軍将校の家族住宅を建設したが、占領解除後も引き続き在日米軍の住宅地として使われていた。ワシントンハイツとは、この軍用地の名称である。

　この地をオリンピックの選手村に使いたい日本側は、軍用地の移転費用を全額負担することを条件に、全面返還の希望を果たしたのだった。

　代々木選手村には、九十三の国と地域から選手やコーチをはじめとした関係者が集まった。食堂では毎日七千食を準備したというが、文化や宗教が異なる選手の胃袋を満たすには、多くの助けが必要だった。その一人、イスラーム教徒の選手のためにイスラーム規範に則ったハラール食肉の処理を行ったのが、第二章で紹介した在日タタール人のアイナン・サファだった［図3］。

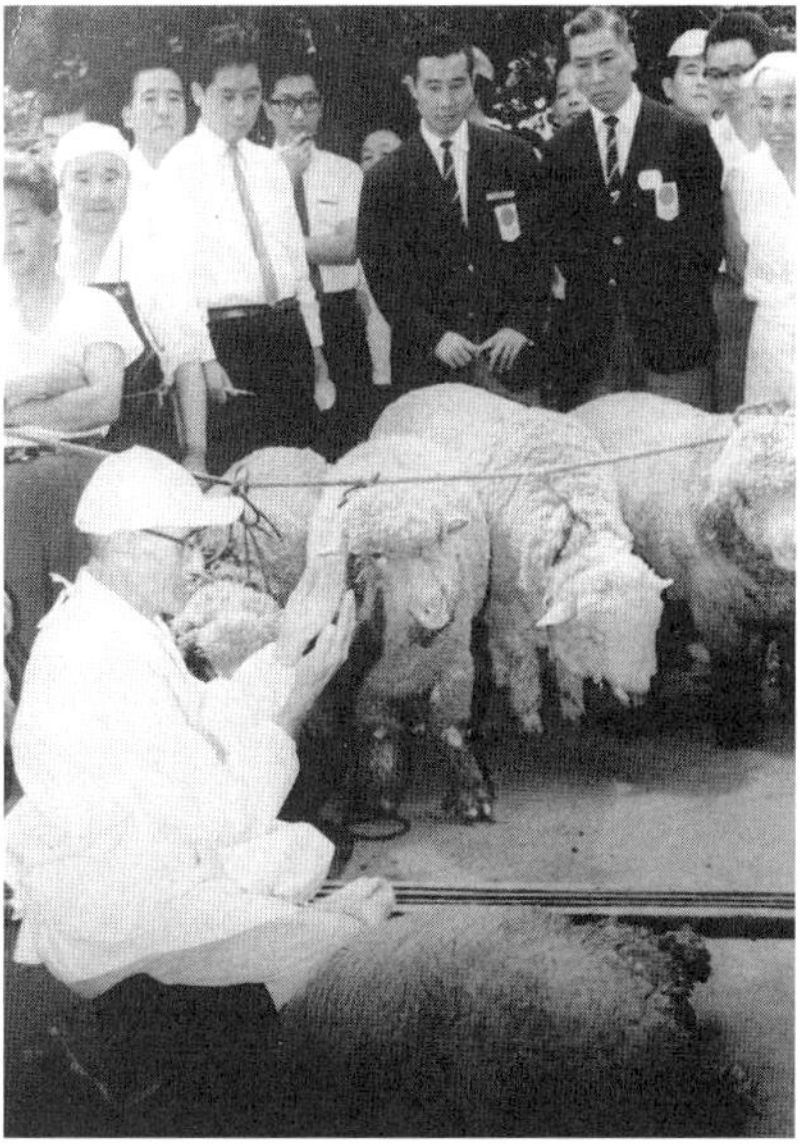

図3　選手村で使う食材のハラール処理を行うイマームのアイナン・サファ　ラマザン・サファ氏所蔵

息子のラマザン・サファァによれば、父アイナンは戦前から同胞のためにこの役割を担い、ラマザンら兄弟はタタール移民宅への配達を手伝ったものだという。東京オリンピックが目指した日本の「国際化」は、かつての「無国籍者」の存在なくして実現しえなかった事実を忘れてはならないだろう。

十月二十四日、オリンピック東京大会は十五日間の日程を終え、閉会式の日を迎えた。さまざまな国の選手たちが入り交じって入場し、肩を組んで笑いあう姿は、まさに「平和の祭典」にふさわしいフィナーレだった。

この日、カリフォルニアのライス・キングこと、日系移民の国府田敬三郎（第五章）は夕闇迫る国立競技場で、この光景を目にしていた。八十一歳。九月半ばにアメリカを発ち、イギリス、ドイツをはじめヨーロッパ各国と中近東・東南アジアの農村事情を視察、香港経由で羽田に到着したのが十月二十三日とは、驚くほど多忙なスケジュールだ。閉会式のチケットは、同郷の友人が贈ってくれたものだった。

しかし、その後、福島県小川町に戦後三度目の帰郷を果たし、東京に戻ったところで病に倒れ、帰らぬ人となった。急きょ米国から駆け付けた妻・国府田愛恵と息子のエドワードが最期を看取っている。

十二月十八日、千日谷会堂で行われた告別式には、かつて海外実習生として渡米し敬三郎の農場に学んだ青年たちが、北海道から沖縄まで各地から弔問に訪れ、別れを惜しんだ。まさに国をまたいで農業に捧げた生涯だった。

国府田敬三郎は今、カリフォルニアの土となり、サンフランシスコ市コルマの日本人墓地に眠っている。

スポーツの戦後復興を陰で支えた松本瀧蔵（第三章）はすでにこの世になく、外苑の地に輝く聖火を見ることはなかった。松本は、オリンピックには戦前のベルリン大会（一九三六年）から本部役員として関わり、一九五八年十一月に亡くなるまで、アジア競技大会でも日本代表役員を務めるなどスポーツ外交に力を注いできた。アジア初のオリンピック開催を念願していたことだろう。

筆者は、暮れも押し迫った二〇一九年（令和元）十二月二十日、松本瀧蔵の長男である満郎氏を訪ね、気になる話を聞いていた。

「オリンピック招致の演説は、本当は平沢さんでなくて親父がするはずだった。それが急死しちゃったから。平沢さんが「瀧さんの遺志を継ぐのは俺しかいない」といって、自ら演説を引き受けたんです」。

「平沢さん」とは、同じく第三章に登場した松本の友人、平沢和重のことだ。一九五九年五月二十五日、ミュンヘンで開催されたＩＯＣ総会で次期大会の開催国が東京に決まった。この時、開催希望国の代表として東京招致のスピーチをしたのが、元外交官でＮＨＫ解説委員の平沢和重だった。この平沢の演説は、わずか十五分で会場の心を鷲掴みにした名スピーチであったという。当時、東京都知事として招致の当事者だった東龍太郎が、「平沢さんがいなかったらあるいは開催の運びにならなかったかもわからない」

と談話を残している（「東京五輪と平沢さん」）。この招致演説については当初、外務官僚の北原秀雄が行うはずだったが、北原が外務省内の運動会で負傷したため、急きょ平沢が代打を務めたことが知られている。

東京招致の決め手となった名スピーチに、松本瀧蔵がどう関係していたのか。満郎氏が語るエピソードに何か裏付けとなる記録がないかと探していたところ、平沢和重本人が「オリンピック奇縁」と題して、その経緯に触れた随想を見つけた。少し長いが該当部分を引用する。

北原君とは一高の陸上運動部と外務省との両方を通じて長い親交を結んでいる。この親友に、しかもアキレス腱を切って動けない彼に手を合わされたのでは嫌という訳にはゆかない。かくして私は北原君の代打として出場することになった。因縁第一号である。

しかし第一号を導く原因をつくったもう一つの因縁がある。それは松本瀧蔵君の急死である。前の年（一九五八年）の一一月であった。

松本君が健在であったら東京代表の役割は当然同君が引き受けていたであろうから お鉢は北原君まで廻らずにすんでいた筈である。

ミュンヘンでのスピーチは英語で行われた。満郎氏によれば、平沢和重の演説原稿を英語でリライトしたのが、故瀧蔵の妻である松本メリー綾子だったという。アメリカ生まれの日系二世である綾子の英語はネイティブはだし。平沢と松本らが戦後に立ち上げたサービス・センター・トーキョーでは、彼女の英語力がＧＨＱとの交渉で大きな戦力となった。その綾子が夜中にねじり鉢巻きをして、演説原稿の校正に格闘していた。このことは、満郎氏の妻・恭子さんに聞いた。

オリンピック招致を決定づけた平沢のスピーチに、瀧蔵の遺志は確かに受け継がれていたはずだ。

西洋の人は、わたしたちの土地を「ファー・イースト（極東）」といわれる。ジェット機時代のいま、もう距離は「ファー（遠距離）」ではない。「ファー」なのは国同士、人間同士の理解なのだ。国際間の人間同士のつながり、接触こそが平和の礎ではないでしょうか。西洋のみなさん、どうか東の若人に会ってください。いまや史上初めて聖火を迎えようとするアジアの準備は全く成ったと信じます。（「オリンピズム　嘉納治五郎と幻の東京大会18」『産経新聞』二〇一八年七月三十一日）

境内に外国人参拝者の姿

再び一九六四年十月に戻ると、『社務日誌』が記録するところでは、二十四日の閉会式に至るまでの大会期間中、明治神宮では各国の選手および役員を、境内にある「御苑」と知られる庭園に連日で招いている。

苑内の茶室「隔雲亭」では、日本の風趣に少しでも親しんでもらおうと、國學院大學茶道研究会の女子学生が抹茶をふるまい歓待した。御苑を訪れた選手の中に、柔道で神永昭夫を下した金メダリスト、オランダのヘーシンクはいただろうか。オリンピックのマラソンで史上初の二連覇を達成したエチオピアのアベベはどうか。はたまた、「オリンピックの名花」と称えられたチェコスロヴァキア（当時）の体操選手、ベラ・チャスラフスカの姿はあったか。残念ながら記録がないが、十月十九日には、大会観覧のために来日していたオランダのベアトリクス王女が明治神宮を訪れ、正式参拝ののち、やはり御苑で抹茶の接伴を受けている。当時二十六歳。十六年後にオランダの第六代国王（女王）として即位することになる。

原宿表参道界隈は、このオリンピックを契機として大きく発展した。

それまでは竹下通りも人通りが少なく、暗い夜道が怖かったと地元の人が語る。今の賑わいからは信じられないことだ。境内にも外国人参拝者の姿が目立つようになった。オリンピックから六年後、一九七〇年七月号の社報『代々木』には、「外人参拝で賑わう明治神宮」の様子が紹介されている。この年、大阪でアジア初の万国博覧会が開催を迎えた。三月から九月まで約百八十日間の開催中、総入場者数は六千四百二十一万人、そのうち外国人は百七十万人に達している。大阪で、東京で、彼らは日本に何を見たか。

次章、オリンピックから万博へと時代を進める。

第六章　参拝の向こう側

——大統領たち

1、国賓、外国人元首、王族たち

表敬参拝のはじまり

戦後、最初に日本を公式訪問した国家元首はエチオピアの皇帝ハイレ・セラシエ一世だ。一九五六年（昭和三十一）十一月のことで、インド、ビルマ（現・ミャンマー）など、アジア訪問旅行の目的地の一つが日本だった。

十一月十九日午後四時、羽田空港に到着した皇帝一行を、昭和天皇が自ら出迎え歓迎の意を表している。「外国元首の親善訪問は戦後始めてなので、天皇陛下がわざわざ羽田空港に出迎えられ、ご同車で宿舎に案内されるなど、国賓として皇室と政府は最高の儀礼をつくして歓迎した」（『読売新聞』一九五六年十一月二十日）。

一九五二年四月二十八日、日本はサンフランシスコ講和条約発効にともない、独立を回復し国際社会に復帰した。これにより諸外国との外交が再開し、来日する外国元首や王族に対する国賓接遇も始まった。国賓とは、政府が儀礼を尽くして公式に接遇し、皇室の接遇にあずかる外国の元首やこれに準ずる者で、現在、その招聘・接遇は閣議において決定されている。

図6-1　1961年12月15日、アルゼンチンのフロンディシ大統領による表敬参拝　明治神宮所蔵

一方、戦後に明治神宮を訪れた外国人元首は、一九六一年十二月、アルゼンチンのアルトゥーロ・フロンディシ大統領をもって嚆矢《こうし》とする。この訪日は日亜両国の友好親善を目的としたもので、フロンディシは日本を訪れた同国初の大統領となった。日本政府はこの滞在中にアルゼンチンと日亜移住協定を締結、これがアルゼンチン移民の促進につながる。

十二月十五日午前九時十五分、フロンディシ大統領は夫人ならびに随員十五名とともに明治神宮に参拝した［図6-1］。社報『代々木』は、その日の様子を次のように描写している。「午前九時十五分、車を列ねて南参道から参入、甘露寺宮司、伊達権宮司らの出迎えを受けて社務所玄関に到着され、貴賓館貴賓の間において小憩の後、福島禰宜先導のもとに、徒歩で正参道から外拝殿前に進み、同九時二十五分、大前に花輪を捧げて恭々しく表敬された」（傍点筆者）。

これが明治神宮における「表敬参拝」の始まりとなった。従前、外国賓客には昇殿して玉串を奉る正式参拝の作法で案内したが、アルゼンチン大統領の参拝を機会にこれを取りやめ、花輪の奉納や一礼をもって「表敬」と称することに改めたものだ。その背景はこうだ。

明治神宮参拝は大統領本人の希望により日程に組み込まれた。しかし、駐日アルゼンチン大使アレハンドロ・ホセ・ルイス・オルフィラは、熱心なキリスト教信者が多い母国アルゼンチンで、大統領が神社に正式参拝する姿が報道されると、国民感情に悪い影響を与えるのではないかと懸念した。そこで大使館と外務省、そして明治神宮当局三者の協議により、新たに考案されたのがこの作法だった。この時、「表敬」という造語を提案したのは、明治神宮の儀式課であったという。

以後、外務省を通じた外国賓客の明治神宮参拝には、「表敬」の用語が用いられることになった。ちなみに『広辞苑』では、一九八三年十二月刊行の第三版から「表敬」が登載されており、明治神宮発の造語が広く神社・宗教界にも定着して今に至っている。

本章では、元首などの要人を含む著名な外国人を中心に、平和条約発効から現在に至るまでの参拝記録を概観する。また、一九六〇～七〇年代の表敬参拝から、アメリカ大統領と東欧社会主義国の大統領を事例にとりあげ、参拝の向こう側に時代の背景を読み解きたい。

ヒッチコックやサルトルも

ここで改めて巻末の附録年表「明治神宮を訪れた主な外国人たち」を一覧いただきたい。このリストは、明治神宮百年誌編纂準備室（当時）が作成した未公刊資料『明治神宮史年表　大正・昭和・平成　１９２０～２０１７』（二〇一八年）に基づき、ほかに『社務日誌』や社報『代々木』などの明治神宮関係資料から記録を追補したものだ。当然ながら、百年で明治神宮に来訪した外国人はこれがすべてではない。

とくに、参拝件数が増加した後半部は、紙幅の都合から記載を割愛したケースがある。また、明治神宮には戦後日本が外賓接遇を再開して間もない、昭和三十年から続く外国人参拝者署名簿がある。いわゆるサイン帳だが、この簿冊にサインがある外国人名についても年表にすべてを網羅するに至らなかった。

少し整理しておく。

まず、一九六一年に始まった表敬参拝については、原則年表に記したが、一部省いた例がある。これは典拠とした『明治神宮史年表』に従ったものだ。たとえば、西ドイツのヘルムート・シュミット首相夫人（一九七八年十月十二日）、フランスのフランソワ・オランド大統領のパートナーであるヴァレリー・トリエルヴェレール女史（二〇一三年六月七日）など、外賓の配偶者やパートナーが別日程のプログラムで明治神宮を訪れる例は件数も多く、すべてを掲載できなかった。

また、例年、境内の花菖蒲が見ごろとなる六月中旬と十一月三日の例祭には、在京の各国公使や外交機関の代表などを特別招待している。新型コロナウイルスの感染拡大前、二〇一八年には、花菖蒲鑑賞会に六十四機関百七名、例大祭には三十七機関五十四名の出席があった。このような恒例行事に参加した外国人についても省略した。

同様に外部から依頼があり、参拝を兼ねた境内案内を行った外国人団体なども掲載を見送った。外務省が米国とカナダを対象にした対日理解促進交流プログラム「カケハシ・プロジェクト」や、イスラエル・パレスチナの合同青年招聘事業などは、同省から依頼がありプログラムに協力しているが、記載を省いたのはこのような例だ。

また、海外の大学の訪日研修や国内の留学生プログラムで受入れを求められることも多い。早いところで上智大学は、一九七〇年から外国人留学生を対象にしたサマーセッションで毎夏、明治神宮を訪れている。

単なる観光ではなく明治神宮で日本文化を知るためのプログラムを提供してくれないか。

近年増加するそのような依頼に応え、筆者が所属する明治神宮国際神道文化研究所では、語学が堪能な神職・職員らがこれに対応している。

これもコロナ禍前の数字になるが、二〇一八年の依頼件数は、外務省や各国大使館・学術機関などをあわせて八十七件、受入れ人数は一年で千三百二十三名を数えている。

以上は、明治神宮に記録はあるが年表に反映できなかった訪問者たちだが、著名な人物でも表敬参拝や受入れプログラムによらず、一般と同じようにこの森を通り過ぎたケースはもっと多いだろう。

年表には国家元首や王族といった賓客の類ではないが、学術・文学などの世界で知られた個々に魅力的な人物の名前も見えるはずだ。明治神宮は外国人の神道専門家や各国の日本学者が足しげく訪れる場所でもあった。

たとえば戦前では、著書『神ながらの道』で神道を論じたアメリカ人のジャーナリストJ・W・T・メーソン（一九三二年五月十七日ほか）や、英国人の神道学者リチャード・ポンソンビ＝フェーン（一九三三年七月二十日ほか）の参拝記録が残っている。戦後になると、ドイツの神学者でハーバード大学教授のパウル・ティリッヒ（一九六〇年五月九日）、西ドイツのボン大学日本学教授ヘルベルト・ツァヘルト（一九六五年四月十八日）などが参拝し、神職との対話に時間をさいた。一九六四年十二月二十二日、駐日アメリカ大使として参拝したエドウィン・O・ライシャワーの例もある。『ザ・ジャパニーズ』の著作で知られる

図6-2　1966年9月19日、明治神宮を訪れたジャン・ポール・サルトルとシモーヌ・ド・ボーヴォワール夫妻　明治神宮所蔵

日本学者の代表的存在だ。

さらに、「サスペンス映画の神様」と讃えられた映画監督アルフレッド・ヒッチコックは、一九六〇年四月十九日、二度目の来日の折に、また、フランス人哲学者のジャン・ポール・サルトルは一九六六年九月十九日、妻で同じく哲学者のシモーヌ・ド・ボーヴォワールとともに、明治神宮へ足跡を残した［図6-2］。さかのぼればサルトルの国フランスからは、駐日大使として赴任した詩人のポール・クローデル（一九二六年四月二十二日）や、詩人で小説家のジャン・コクトー（一九三六年五月十八日）が、戦前にこの森に足を運び、それぞれの印象を作品に著している。

本書では、明治神宮を訪れた外国人たちを通して、「世界が見た明治神宮」より「明治神宮が見た（から見た）世界」を問うことに重点を置いて筆を進めた。そのため、前者のテーマであれば当然登場人物となるべき魅力的な著名人を多く割愛することになった。いずれ機会があれば、ここでは書かずじまいとなった異邦人たちのことを次は追いかけてみたいと思っている。

2、アメリカ大統領の参拝と明治天皇

カーター大統領の晩さん会スピーチ

本書執筆中に、アメリカ合衆国の大統領が代わった。二〇二一年（令和三）一月二十日、ジョー・バイデンがドナルド・トランプの後継となり、同国の第四十六代大統領に就任している。

歴代のアメリカ大統領で国賓として初めて来日したのは、第三十八代のジェラルド・R・フォードだ。一九七四年（昭和四十九）十一月のことで、田中角栄首相の時代にあたる。一方、明治神宮に参拝した米国大統領は、第三十九代のジミー・カーターが初となる（一九七九年六月二十五日）。その後、第四十代ロナルド・レーガン（一九八三年十一月十日）、第四十三代ジョージ・W・ブッシュ（二〇〇二年〔平成十四〕二月十八日）、第四十四代バラク・オバマ（二〇一四年四月二十四日）と続く。

トランプ大統領は、令和初の国賓として二〇一九年五月に来日し、安倍晋三首相ととも

に六本木の炉端焼き店には出かけたが、明治神宮への参拝はなかった。コロナ禍でバイデン大統領の来日が実現するのはいつのことになるか見当もつかないが、その時、表敬参拝はあるだろうか。

明治神宮が米国大統領の訪問先としてどのように決まるのか、あるいは決まらないのか。神社の側では知る術はないが、このことについて、外務省儀典官室に長く務めた寺西千代子氏が、著書『プロトコールとは何か』で興味深いエピソードを紹介している。儀典官室とは、大臣官房の下で外国からの賓客や在日外交官の接遇に責任を持つ部署で、英語では「プロトコール・オフィス」と呼ばれる。寺西氏は、そのプロトコール・オフィサーとして、チャールズ皇太子やダイアナ妃を含む王族や各国元首の接遇を担当した人物だ。

同書で寺西氏は、「宗教がらみの視察先」と題して明治神宮にも言及している。曰く、「明治神宮、伊勢神宮など神道の神社を訪れるときは、賓客に神宮内のどこまで進んでいただくかと、どのように拝んでいただくのかが、常に問題となりました」。

外務省としては、外賓の母国で「キリスト教徒の大統領がなぜ異教の神様を拝むのか」と問題視されることを危惧する。しかし、国内では「我が国の宗教施設を訪れるのに、神仏を拝まないのは失礼だ」と批判がおきる。また、神社やお寺の側もお参りすることなく、お庭だけ拝見、「流鏑馬《やぶさめ》」行事だけ見物という、つまみ食いのような選択肢は認めない。

そこで用いられた解決法が、玉串奉奠《ほうてん》や二拝二拍手一拝に代えて、お辞儀をする作法だっ

図6-3　2014年４月24日、表敬参拝後、流鏑馬を観覧するオバマ大統領　明治神宮所蔵

たという。まさに先にのべた「表敬参拝」に通じる発想だ。ちなみに明治神宮を訪れたレーガン、ブッシュ、オバマ各大統領は、いずれも拝殿で表敬参拝ののち、宝物殿前の芝地で流鏑馬をご覧になっている［図6－3］。

少しカーター大統領の話を続けるが、この訪日で話題となったのが天皇陛下主催の宮中晩さん会で大統領が行ったスピーチだった。

一九七九年六月二十五日、晩さん会は午後七時三十分から皇居豊明殿で開催された。天皇陛下の歓迎の言葉に応え、立ち上がった大統領はそのスピーチで天皇陛下の和歌――これを御製というが――を二首引用している（加瀬英明『宮中晩餐会』）。

おほぞらにそびえて見ゆるたかねにも　登ればのぼる道はありけり

西ひがしむつみかはして栄ゆかむ　世をこそ祈れとしのはじめに

前者は、明治天皇が一九〇四年（明治三十七）に「山」の御題で詠んだ御製、後者は昭和天皇が一九四〇年の歌会始で披露した御製だ。大統領は、日本の教育・科学・文化等の優れた業績が、明治以来の「勤勉の勝利」であると称え、その象徴として明治天皇の御製を引用し、さらに、これからも両国がともに「栄ゆかむ」ことを祈ってお礼の挨拶としたのだった。

この日の晩さん会に先立って大統領の参拝を受けていた明治神宮当局も、御祭神の御製が用いられたことを喜んだ。後日、アメリカ大使館にマイケル・マンスフィールド大使を訪ね、カーター大統領が挨拶に引用した御製を宮司が揮毫した色紙と、山元桜月画伯が描いた富士山の日本画を大統領宛に贈っている。

この時、大統領付通訳官として随行した米国国務省の飯田コーネリアス氏は、スピーチ原稿に引用する御製選択に関わった一人だ。飯田は、この訪日のスピーチで御製を一つでもいいから引用したいと希望したのは、カーター大統領本人であったと、その回想録で証言している。

幻のアイゼンハワー明治神宮訪問

実は、カーター大統領の前にも明治神宮参拝が予定されたが幻で終わったアメリカ大統領がいた。それが、同国第三十四代大統領のドワイト・D・アイゼンハワーだ。

一九六〇年一月二十一日、日米安保条約の改定交渉で渡米した岸信介首相は、ホワイトハウスでアイゼンハワーと会談し、大統領がソ連訪問の帰途、六月二十日ころに日本を訪れることを発表した。あわせて大統領は皇太子夫妻をアメリカに招待したいとの希望を述べ、交歓訪問の形式が検討されることに決まった（「ア大統領の訪日きまる」『朝日新聞』一九六〇年一月二十一日夕刊）。

五月に入ってアイクことアイゼンハワーの訪日日程が発表されると、その訪問先に明治神宮が入っていることが人々の注目を集めた。六月十九日に羽田空港に到着する大統領夫妻は、二十三日までの予定で滞在し国賓として歓迎をうけることになっていた。外交史料館が所蔵する「アイゼンハワー大統領の訪日に対する取材要領説明書」によると、到着翌日の六月二十日は次の予定が組まれていた。

岸首相の大統領往訪（米国大使公邸）→国会訪問（大統領演説）→尾崎記念館訪問→東京会館昼食会→明治神宮訪問→ソニー工場見学→名誉博士号授与式→皇居夕食会。明治神宮も、社報『代々木』五月号の巻頭言で米国大統領による明治神宮訪問を予告し、「今回大統領をお迎えすることが出来てまことに欣快至極に思う」と歓迎の意を表した。実際、『社務日誌』の記録によると、早くも四月初旬には外務省と米国大使館の担当者が明治神宮を訪れ、アイゼンハワー大統領の訪問について神職らと打合せを開始している。

一九六〇年、アイゼンハワー大統領が来日にあたり強く希望した訪問先の一つが、明治神宮だった。なぜか。その理由は、ほかならぬ御祭神・明治天皇にあった。

『週刊文春』五月三十日号は「アイクと明治天皇」と題した特集を組み、大統領が明治神宮を訪問するのはなぜかという、そのものズバリの疑問を問うている。その答えは、岸首相、天皇皇后両陛下のほかに、アイクが日本で会いたいもう一人の人物が明治神宮にいるからだという。

「その名は――天皇睦仁」。

アイクの希望は、外務省が喧伝するような明治神宮花菖蒲の観覧ではなく、あくまで「明治天皇訪問」なのだった。その理由について、NHKニュース解説の平沢和重が以下のように説明を加えている。「軍人大統領としてアイゼンハワー大統領は、南北戦争の雄グラント将軍の伝記などをよく読んでいる。そして、その中で、グラント将軍が日本を訪れた時大へんに明治天皇を賞讃した、というより敬愛した事実を知ったに違いない。先輩の軍人大統領グラントが、そんなにまで賞める明治天皇に、アイクも時こそ違え、敬意を表したいという素直な気持ではないですかナ」。

アメリカ第十八代大統領ユリシーズ・グラントは、南北戦争で北軍総司令官として活躍した名将だ。グラントは、大統領退任後の世界巡遊で、一八七九年六月に日本を訪れた。この時、グラントは明治天皇と会談で親しく交わり、政治・財政・外交等について明治政府に貴重な助言を残している［図6－4］。ちなみに、『週刊文春』にこのコメントを寄せた平沢和重とは、アメリカ帰りの松本瀧蔵の友人（第三章）で、東京オリンピックの招致演説を成功させた（「1964―明治神宮とオリンピック」）、あの平沢和重だ。平沢は、外交官として駐米経験があり事情通でもあった。

さらに「アイクと明治天皇」の特集が興味深いのは、明治神宮には行くのになぜ靖國神社へ行か

図6-4　「グラント将軍と御対話」大久保作次郎画　外苑聖徳記念絵画館所蔵

ないのかという疑問を呈していることだ。

というのもこの時期、英字新聞の『ジャパンタイムズ』紙上では、岸首相がアーリントン墓地を訪れたように、アイクも靖國を訪問すべきだという主張とその反対派の間で論争が展開されていた。しかも、英字紙にこの疑問を呈したのはすべて日本人で、反論したのは皆外国人だったと『文春』誌は報じている。かわりに日本の新聞紙上にあがったのは、キリスト教団体による明治神宮参拝反対の記事であった。

『日本経済新聞』(五月十二日)によると、反対を決議したのは日本キリスト教協議会で、その理由は、国賓の大統領が特定の宗教法人を参拝することは、憲法が定める信教の自由、政教分離の精神に反するというものだった。同会は米国大使館を訪れ、参拝の日程を取り消すよう申し入れを行っている。

結局のところ、アイゼンハワーの明治神宮訪問は実現しなかった。

靖國論争やキリスト教団体の反対が問題になったわけではない。来日そのものが取り止めとなったのだ。その原因は、安保条約反対運動の激化にあった。いわゆる「60年安保闘争」のことだ。

一九六〇年一月、岸信介首相は米国でアイゼンハワー大統領訪日を発表するとともに、一月十九日、新安保条約に調印している。帰国後は、国会審議で新条約の承認を求めるが、安保反対を掲げる日本社会党ほかの根強い抵抗により、事態は紛糾した。しかし、五月十九日深夜から二十日未明にかけ、自民党は新条約案を衆議院で強行採決するに至る。岸政権にとっては、六月十九日のアイク訪日までに、参議院での議決承認または自然承認を経て、新条約を成立させることが至上命題であった（原彬久編『岸信介証言録』）。

このようななか、大統領の訪日日程を協議するために来日した大統領報道官ジェームス・ハガチーが、羽田空港に詰めかけたデモ隊に包囲され、米国海兵隊のヘリコプターで救出されるという事件が起きる（ハガチー事件）。これがアイク訪日を九日後に控えた六月十日のことだ。

その五日後の六月十五日、国会議事堂内に突入する全学連主流派と機動隊が衝突するなか、東京大学学生の樺美智子が圧死したことで事態は急転した。翌十六日午後五時半、岸首相はついに、アイク訪日中止を発表する。女子学生の死から二十四時間を経ずに下した決断だった。

その後、新条約は六月十九日に自然成立するが、岸内閣は混乱の責任をとり総辞職する。後年、岸信介はアイク訪日破棄を決めたとき、自らの政権にも終止符を打ったと当時をふり返っている（同前）。

いよいよ首相を辞めようと決意したのは、アイク訪日を断ると決めたときです。このとき私の腹は決まった。ハガチー事件があってから「アイク訪日」については確かに迷った。それでも、アイクを迎える方法はまだ残されていると考えていました。しかし樺美智子の死亡事件によって私は最後の決断をしたんです。反対派のデモによって盟邦の大統領に何か危害が加えられるとか、アイクを迎える天皇陛下に何かあったということになれば、総理大臣として本当に死んでも償いがつかないということで、アイク訪日の断念を決意したわけです。

幻に終わったアイゼンハワーの明治神宮訪問から十九年後、五代後継の大統領ジミー・カーターによる表敬が実現することになる。この日、参拝をすませたカーター大統領は、署名簿に「for peace and friendship among all peoples（世界の平和と友好を願って）」と認めた。

奇しくもこの一九七九年は、グラント元アメリカ大統領が来日し明治天皇と会見した一八七九年から、ちょうど百年という節目の年でもあった。

3、チェコスロヴァキア大統領の訪日と大阪万博

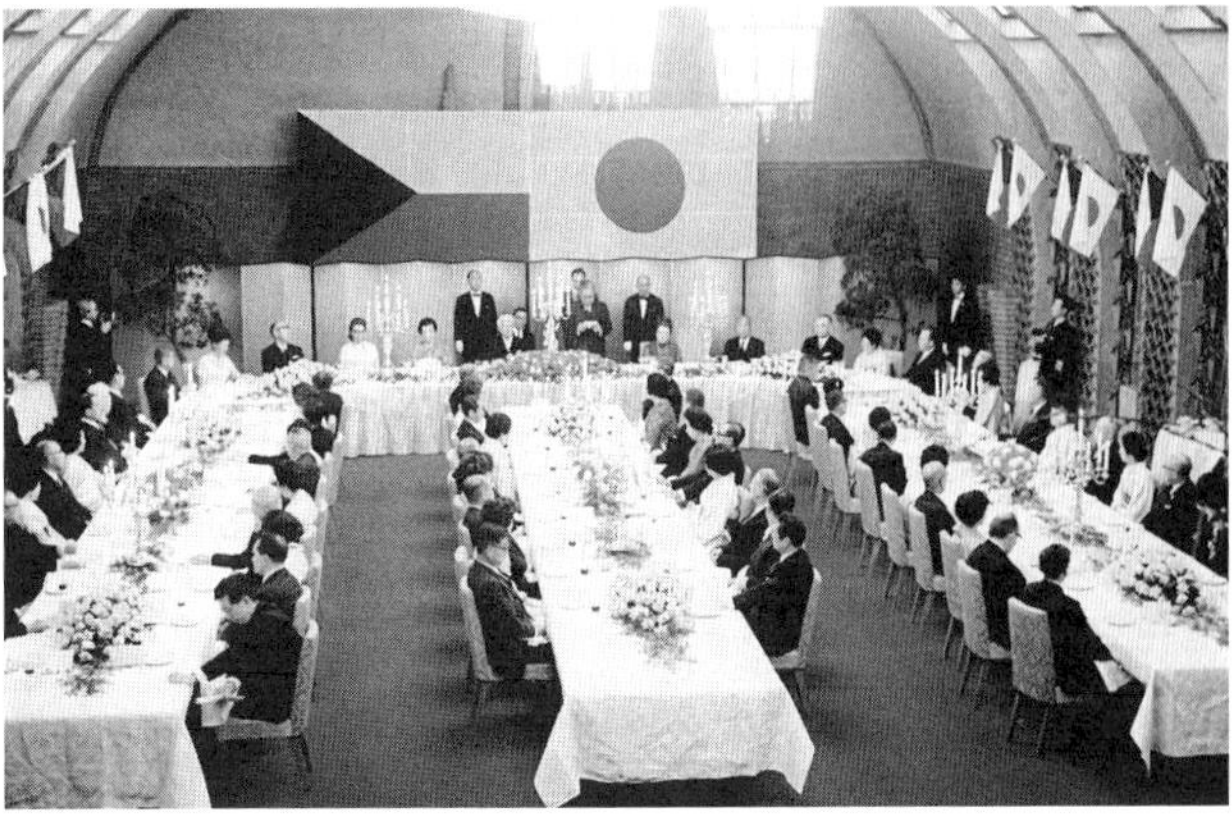

図6-5　1970年4月1日、チェコスロヴァキア社会主義共和国スヴォボダ大統領の歓迎晩さん会で挨拶する佐藤栄作総理　外交史料館所蔵

はじめての共産圏国家元首

一九七〇年（昭和四十五）三月三十一日午後三時、チェコスロヴァキア社会主義共和国のルドヴィーク・スヴォボダ大統領が明治神宮を参拝に訪れた。一行十八名は、社務所で甘露寺受長《おさなが》第六代宮司以下職員の歓迎をうけたあと、権宮司の案内で南参道を経て直会殿で手水、修祓ののち玉串を捧げ、一拝の作法で表敬している。スヴォボダ大統領は、共産圏から明治神宮を表敬した初めての国家元首となった。

翌四月一日、大統領は佐藤栄作総理大臣が主催する歓迎晩さん会に出席。佐藤総理は、その挨拶で「うけたまわりますと、大統領閣下には、一九二〇年にわが国を訪問されたとのこと」と述べ、スヴォボダ大統領にとってこれが二度目の来日であることに触れている［図6-5］。

前回の日本訪問時、スヴォボダは二十五歳。チェコスロヴァキア軍団の中隊長だった。このチェコ軍団は、第一次世界大戦の際、チェコスロヴァキアを支配していたオーストリア＝ハンガリー帝国のために戦いに駆り出されるが、やがて宗主国に反旗を翻し、民族独立を求めてロシア戦線で活躍した。大戦が終わると、スヴォボダはこの五万人の軍団の一員としてシベリアを横切り、飢えと寒さ、そして望郷の思いに駆られながら、横浜に寄港したのだった（「スボボダ大統領半世紀ぶりの訪日」『読売新聞』一九七〇年三月二十八日夕刊）。

一九一八年（大正七）十月二十八日、チェコスロヴァキア共和国は、第一次大戦で敗北し解体したオーストリア＝ハンガリー帝国を継承する国家の一つとして誕生する。初代大統領に就任したトマーシュ・マサリクもまた、チェコ軍団兵士として大正期に日本を訪れた一人だった。同国と日本は一九二〇年一月、正式に国交を樹立する。二〇二〇年（令和二）は、両国が外交関係を結んでから百年の修好年だった。

ところで、佐藤総理はこの晩さん会で次のような歓迎の辞も述べていた。「今回の日本万国博覧会に貴国の参加を得ましたことは、私どもの大きな喜びであります。特に貴国の展示館の主なテーマたる「人類が求めるよりよき未来の道」は、日本人の胸に大きな共感を呼ぶものがあり、また、貴国の伝統的芸術の結晶である数々の美しいガラスの造形作品は、参観者すべての大きな讃嘆の的となっております」。

言うまでもなく、「今回の日本万国博覧会」とは、この年に開催された大阪万博を指す。スヴォボダ大統領は、数多い万国博国賓の中でトップをきって三月三十一日に羽田に到着、その日のうちに明治神宮を参拝したのだった。この後、大統領は四月三日に千里丘陵の万博会場を訪れ、同日に設定されたチェコスロヴァキアのナショナル・デーを祝っている。

しかし、この時、お祭りムードの博覧会とは対照的に、母国の市民は抑圧的な状況に置かれていた。そして、その緊迫したプラハの空気は、大阪万博のチェコ・パビリオンにも確かに漂っていた。

彼方なる「プラハの春」

一九七〇年三月十五日に開会した大阪万博は、アジアで開催された初めての国際博覧会だ。九月十三日の閉会までの百八十三日間で、世界各国から六千四百二十一万人が訪れ、当時として史上最大規模の博覧会となった。万博には世界から七十六か国が参加し、会場には各国および国際機関や企業を含めて全百十六の展示館が並んだ。その一つが、チェコスロヴァキア館（通称チェコ館）だった。

ＥＸＰＯ１９７０の年、東欧に位置するこの国はどのような情況にあったのか。

古都プラハを首都とするチェコスロヴァキアでは、一九六〇年代後半から、改革派コミュニストによる自由化の模索が進んでいた。一九六八年一月、その改革派が支持するアレクサンドル・ドゥプチェクが、共産党中央委員会第一書記に就任する。ドゥプチェクのもと「人間の顔をした社会主義」というスローガンで推進された自由化運動が、いわゆる「プラハの春」である。スヴォボダは、この年の三月に大統領に就任し、ドゥプチェクらと並んで「プラハの春」の代表的な顔になった。

六月二十七日、この改革運動を象徴するある文書が、同国の新聞紙上に掲載された。「二千語宣言（労働者、農民、サラリーマン、学者、芸術家、その他すべての人々のものである二千語）」と呼ばれるもので、起草者は作家のルドヴィーク・ヴァツリーク。「最近、外国勢力がわれわれの発展に介入してくるのではないか、という大きな不安が生じている。すべての点で圧倒的に優勢な相手に直面して、われわれとしてなし得ることは、あくまで自分の立場は守るが、こちらからけんかを始めないことである。われわれの委任していることを実行する限り、たとえ武器を手にしてでも、われわれは政府を援護するだろう」（「基本資料「二千語宣言」からソ連介入まで」『中央公論』一九六八年十月）。

これは、チェコスロヴァキアの一般市民による改革への支持表明だった。「二千語宣言」には、発表から一週間足らずで三万人以上が署名している。そのなかには、東京オリンピック女子体操金メダリストのベラ・チャスラフスカをはじめ、著名人が数多く含まれていた。しかし、これらの市民行動はソ連から「反革命」の兆候とみなされることになった。

一九六八年八月二十日午後十一時、ソ連率いるワルシャワ条約機構軍がチェコスロヴァキア領内に侵攻、全土を占領下に置いた（チェコ事件）。機構軍には、東ドイツ、ポーランド、ハンガリー、ブルガリアも派兵している。今やプラハの街は、ソ連の戦車で埋め尽くされた。この軍事介入により、ソ連はチェコスロヴァキアの「正常化」と称して、自由化路線に次々と圧力を加えた。

この時、スヴォボダ大統領は、モスクワに連行されたドゥプチェクらの解放を求めてクレムリンに飛び、事態収拾のためにソ連指導部と直接交渉にあたっている。しかし、一九六九年三月、ドゥプチェクに代わって、ソ連の「正常化体制」を支持するグスターフ・フサークが党第一書記に就任。改革派は排除され、ここに「プラハの春」は終焉した。

それからちょうど一年後。万博会場に姿を現したスヴォボダ大統領は、今や七十五歳。母国チェコスロヴァキアは、長い冬の時代にあった。この後、共産党の一党独裁体制が崩壊するまで、実に二十年の月日を待たねばならないのだ。

ところで、大阪万博では、参加各国が独自の式典やイベントを行う「ナショナル・デー」が設けられ、会期中に全七十三回実施されている。スヴォボダ大統領一行は、四月三日のチェコスロヴァキア・デーに主催国貴賓として出席し、式典後に同国のパビリオンであるチェコ館を訪れた。

同館は、チェコスロヴァキアを代表する芸術であるボヘミアン・ガラスを建築に用いた、まさに「ガラスの城」だった。館内の展示もガラスを中心に構成され、現代ガラス作家の作品をはじめ展示物は全部で七十二点におよんでいる。また、レストランや売店のほかに、映像とダンスを融合したチェコの舞台芸術である「ラテルナ・マジカ」を上演する映画劇場も併設されていた。

「世界一うまいビールが四百円！」。

チェコ館はレストランも人気で、また外国パビリオンの中でも「ひときわホステスが美人ぞろい」と評判だったが、その内部ではホステスたちの亡命騒動が起きていた（「万博チェコ館ホステスの「亡命失敗」騒動の顚末」『週刊新潮』十五（二十二））。

同館で働く六名のホステスは、カナダへの亡命を画策したが、この動きを察知したソ連の関係者がチェコ館側に通報。彼女らは大阪港からソ連船に乗せられ、泣く泣く帰国の途についたというのだ。これは五月のことだが、十月にはチェコ館政府代表秘書の女性が、イスラエルへの亡命に成功している（「チェコ女性亡命」『読売新聞』一九七〇年十月六日）。

さらに舞台裏を垣間見れば、そこにいたはずの人物、あったはずの事物の不在に気づかされることになる。

まず、いるはずだったがいなかった人。

それは、かつてのオリンピック体操の女王ベラ・チャスラフスカだ。

一九四二年、プラハに生まれたチャスラフスカは、二十二歳で東京五輪に出場。女子体操個人で三つの金メダルを獲得して「オリンピックの名花」とうたわれ、熱狂的な人気を博した。あのチャスラフスカが日本に帰ってくる！　大阪万博が始まると、新聞や雑誌がチャスラフスカの大阪入りを期待する記事を掲載している。なかには、四月三日のチェコ・デーに、彼女が大統領夫妻とともに出席予定だと報じる新聞もあった（『スポーツニッポン』三月一日）。

しかし、この時チャスラフスカは母国チェコスロヴァキアで、体操に関わる一切の職責をはく奪され、迫害に耐える日々を過ごしていた。それは彼女が、共産党政権が要求する「二千語宣言」からの署名撤回を断固拒否していたからだ。ノンフィクション作家の長田渚左氏は、二〇一四年（平成二十六）にチャスラフスカにインタビューし、この時期に彼女が置かれていた状況がよくわかるエピソードを紹介している。

当時、名前を偽って掃除婦をしていたチャスラフスカは、ある日政府に呼び出され「これを覚えろ」と命じられた。それは日本語の長い挨拶文だったという。

「大阪万国博で使うのだと言われました。私のために高価な金と銀の刺繡が胸に施された、素晴らしいワンピースも用意されました。それを着て、私はカメラの前に立ちました。そして、『日本の皆さん、こんにちは。チェコスロバキア館にようこそお越しくださいました。私が案内役のベラ・チャスラフスカです』と始まる長いスピーチをしました」（『桜色の魂』）。

当局はチェコ館のPR用に、日本人に愛されるチャスラフスカの声を使おうとしたのだった。しかし、この後、彼女はワンピースを取り上げられ、再び掃除婦の仕事に戻っている。結局、大阪チェコ館の特設劇場「ラテルナ・マジカ」に、チャスラフスカは声と映像で登場したが、そこに本人の姿はなかった。

もう一つ、チェコスロヴァキア館にあるはずだった（しかし、なくなった）もの。それは館内を飾ったガラスの彫刻に由来する。パビリオンの入口には、全長二十二メートル、高さ三・八メートル、総重量九トンという、巨大なガラスのレリーフが展示された。「生命の川」と題したこの作品は、チェコを代表するガラス作家スタニスラフ・リベンスキーと妻のヤロスラヴァ・ブリフトヴァが、大阪万博のために制作したものだ。

レリーフでは、生命の源である水をモチーフにして、後戻りできない刻《とき》の流れが表現されていたが、そこには刻の波間に泳ぎ戯れる二人の少女の姿もあった。当初、この少女たちのレリーフの上には軍靴の足跡が描かれていた。これは明らかに、「プラハの春」を鎮圧した軍事介入を連想させるもので、現体制に対するリベンスキー夫妻の無言の抵抗だった。しかし、これが秘密警察の知るところになる。

チェコ共和国大使館が作成した資料によれば、リベンスキー夫妻は「当時のチェコスロヴァキア社会主義共和国最高指導者の命令により」、チェコ館の開館式前に靴跡の部分を削り落とすことを余儀なくされている（『チェコ共和国と日本』）［図6－6］。

図6-6　大阪万博チェコスロヴァキア館に展示された「生命の川」。右上に少女のレリーフ（リベンスキー&ブリフトヴァ作）大阪府提供

当時の最高指導者とは、「正常化」を支持したフサーク党第一書記のことであろうか。詳しい記録がない。

一九七〇年の大阪万博は、「人類の進歩と調和」をテーマに開催された。参加各国もこれに則り、チェコスロヴァキアは「人類が求めるよりよき未来の道」を、同国パビリオンのテーマに掲げている。万博の名誉会長でもあった佐藤栄作総理が大統領歓迎晩さん会で、「貴国の展示館の主なテーマたる「人類が求めるよりよき未来の道」は、日本人の胸に大きな共感を呼ぶものがあり……」とスピーチしたのは、このことを指している。

しかし、チェコが歩んだこの道は、日本人の我々が思うより遥かに長く嶮しいものだった。

その後のチャスラフスカとリベンスキー

チェコスロヴァキアで共産党独裁による全体主義体制の崩壊が始まるのは、一九八九年十一月十七日。ベルリンの壁崩壊から一週間後のことだった。その体制転換が、流血もなくビロードのように滑らかに行われたことから、「ビロード革命」と呼ばれている。これにより、「プラハの春」の中心人物ドゥプチェクが、チェコスロヴァキア連邦共和国の議会議長として復権し、反体制派の劇作家ヴァーツラフ・ハヴェルが大統領に選出された。スヴォボダはすでにこの世にない（一九七九年没）。

その後、チェコとスロヴァキアは連邦を解消し、一九九三年一月にチェコ共和国が誕生している。初代首相となったヴァーツラフ・クラウスは、一九九六年九月に日本を公式訪問するが、滞在中に明治神宮を表敬参拝に訪れている。

その後、チャスラフスカはどうなったか。

二十年間、体制の圧力に屈しなかった彼女は、ビロード革命で名誉を回復した。チェコ共和国初代大統領ヴァーツラフ・ハヴェルのアドバイザーに就任したのだ。チャスラフスカは、一九九二年のハヴェル大統領日本公式訪問に随行し、再来日を果たしている。また、東京オリンピックの縁で、チェコ日本友好協会の名誉総裁も務めた。二〇一六年没、七十四歳。

ガラス作家のリベンスキー夫妻もまた、万博後は展覧会の開催や国外への移動が制限され、体制崩壊まで長い冬の時代を過ごした。

実はリベンスキー夫妻と明治神宮とは縁があり、日本とチェコの文化交流を記念して二〇〇二年に開催された二人のガラス彫刻展では、境内回廊を展示会場にして協力した経緯がある。この時、同展覧会の企画を担当したグラスアート専門ギャラリーを主宰する仲摩マサ枝氏は、長年チェコに足を運び、夫妻と親しく交わってきた。惜しくもリベンスキーは、展覧会直前に八十歳の生涯を閉じたが、生前は「生命の川」のその後を気にかけ、仲摩氏に行方の探索を依頼していたという。

巨大な作品「生命の川」は、万博終了後に三つに分割された。その後の調べによると、独立行政法人日本万国博覧会記念機構（現・大阪府日本万国博覧会記念公園事務所）、大阪芸術大学、そして大阪市の民間会社が三分の一ずつ所有して現在に至っている（「プラハの春再び光を」『毎日新聞』二〇一〇年五月二十五日大阪夕刊）。このうち、万博記念機構が所蔵した部分は、二〇一一年から「万博遺産」として、万博記念公園で一般公開されていることがわかった。

二〇二五年、大阪で二度目の万博が開催される。そのEXPO2025のチェコ館で、再びひとつになった「生命の川」を、もしや見ることはできるだろうか。

4、平成・令和の即位礼と外賓たち

宮中外交と明治神宮

現在、日本政府が接遇にあたる外国要人には、国賓のほかに公賓、公式実務訪問賓客などがあるが、[表1]はおのおのの招聘様式を外務省が一覧にしたものだ。

宮内庁のウェブサイトでは、国賓の接遇について次のように説明している。「国賓とは、政府が儀礼を尽くして公式に接遇し、皇室の接遇にあずかる外国の元首やこれに準ずる者で、その招へい・接遇は、閣議において決定されます。皇室における国賓のご接遇には、両陛下を中心とする歓迎行事、ご会見、宮中晩餐、ご訪問がありますが、両陛下はじめ皇族方は心をこめて国賓のご接遇をなさっています」。

また、宮内庁の同サイトには、一九五二年(昭和二十七)のサンフランシスコ平和条約

表1　要人招聘様式一覧

招聘様式（招聘決定方法）	対象者	接遇内容
国賓（閣議決定）	国王、大統領又はこれに準ずる者（政府が儀礼を尽くし公式に接遇）	皇居での歓迎行事 御会見 宮中晩餐 総理会談・会食
公賓（閣議了解）	皇太子、王族、首相、副大統領又はこれに準ずる者（政府が儀礼を尽くし公式に接遇）	迎賓館での歓迎行事 御引見 総理会談・会食等
公式実務訪問賓客（閣議了解）	国公賓の対象者に同じ（首脳会談等実務を主たる目的として訪日するもの）	御会見又は御引見 栄誉礼及び儀じょう 総理会談・会食等
実務訪問賓客（閣議請議不要）	国公賓の対象者に同じ（首脳会談等実務を目的として訪日するもの）	栄誉礼及び儀じょう 総理会談（会食）等
外務省賓客（閣議請議不要）	外務大臣、国際機関の長（外相会談等実務を目的として訪日するもの）	外相会談（会食）等

出典：外務省ウェブサイト「外国要人接遇（国公賓等）」https://www.mofa.go.jp/mofaj/ms/po/page22_003410.html

発効から二〇一九年（令和元）までの外国賓客一覧表が公開されている。

これによると、昭和の三十七年間には一九五二年十一月のデンマーク国王族アクセル殿下来日に始まり、外賓は計二百四十五件であったものが、平成では、二〇一九年（平成三十一）四月のパナマ国大統領夫妻の訪日まで、三十一年間で実に一千九十一件に達している。令和については元年のみだが、五月に国賓として来日した米国トランプ大統領夫妻を最初として、三十九件の記録がある（ただし、二〇一六年五月に開催された第四十二回先進国首脳会議（伊勢志摩サミット）に来日した各国の首脳については記載がない）。

表が示す通り、国賓を迎えた皇居での歓迎行事や宮中晩さん、公賓ほかの御引見など、国際親善を目的とした外賓接遇の外交儀礼において、皇室が果たす役割は大きい。

戦後の明治神宮は、国の管理を離れた一宗教法人であり、宮内庁や皇室と直接関係しないが、このような外賓接遇では、外務省や各国大使館の要請に応じて、その都度訪問を受け入れてきた。再び、巻末年表を見ると、各国元首や王族が同日に集中して明治神宮を訪れたピークが大きく二度確認できる。これが皇室の継承儀式に深く関わっている。

一度目は、一九八九年二月二十四日、昭和天皇大喪の礼の前後、および一九九〇年十一月十二日、即位礼正殿の儀を中心とした平成への御代替わりの時期。二度目は二〇一九年十月二十二日、令和の即位礼正殿の儀の前後数日だ。

御代替わりの訪問者たち

一九八九年一月七日、昭和天皇の崩御にともない、皇太子明仁親王が皇位を継承した。

同年二月二十四日、昭和天皇の大喪の礼は新宿御苑で挙行されている。この政府主催による国の儀式に、世界各国から、国家元首・使節・大使など、百六十四か国（EC委員会を除く）、二十七機関の七百人におよぶ人々が参列した。

一方、皇位継承では、剣璽等承継《けんじとうしょうけい》の儀《ぎ》および即位後朝見の儀を始め、一連の儀式が行われたが、なかでも一九九〇年十一月十二日に挙行された即位礼正殿の儀は、天皇が即位を公に宣明し、内外の代表がこれを寿《ことほ》ぐ、最も重要な儀式だった。内閣官房がまとめた

『平成即位の礼記録』によれば、この正殿の儀には、世界百五十八か国からの元首・祝賀使節ならびにＥＣおよび国際連合の代表など、約二千二百名の外賓が参列している。この後、彼らは宮中で行われた饗宴の儀、および十三日には内閣総理大臣主催の晩さん会に出席し、帰国の途についた。

この平成の御代替わりで、明治神宮を表敬参拝した外国人の賓客は以下の通りである。

大喪の礼（一九八九年二月二十四日）前後
ドイツ連邦共和国大統領、ギリシャ大統領夫妻、コロンビア大統領夫人、ボリビア共和国副大統領夫妻、ハンガリー人民共和国幹部会議長、パプア・ニューギニア国総督夫妻、ニジェール共和国首相、チュニジア共和国首相夫妻、アルゼンチン共和国副大統領、タンザニア連合共和国首相

即位礼正殿の儀（一九九〇年十一月十二日）前後
コンゴ国外務協力大臣夫妻、ミャンマー国法務長官夫妻、スペイン王国皇太子、キリバス国大統領夫妻、ポーランド国下院議長夫妻、スワジランド国駐韓国大使、ルクセンブルク大公国大公夫妻、チュニジア共和国首相夫妻、コロンビア共和国副大統領兼外相夫妻、チリ共和国外相、ドミニカ共和国大統領

時のドイツ連邦共和国大統領は、リヒャルト・フォン・ヴァイツゼッカー。大喪の礼による来日から九か月後、ベルリンの壁が崩壊し、ドイツ連邦共和国（西ドイツ）はドイツ民主共和国（東ドイツ）を編入して再統一される。一九九〇年十月三日、ヴァイツゼッカーは統一ドイツの初代大統領に就任する人物だ。

この平成の御代替わり時、明治神宮を参拝した外賓の日程はどのように決まったか。つまびらかにしないが、先にも引用した外務省儀典官室の寺西千代子氏は、昭和天皇の大喪・平成即位の礼の双方を経験している。同氏によれば、この時、日本側が対外的に最も苦慮したのは、新憲法下で初めて行われる両儀式で、天皇の神格化や国家神道についての誤解を与えないことだった。具体的に、宗教色を感じさせるような項目を挙げたネガティブ・リストを作成し、神社の鳥居などは報道写真に写らないよう配慮したというから、外賓の明治神宮訪問は外務省の望むところではなかったかもしれない。実際、昭和の大喪では、日本国憲法下で政教分離の区別が議論となり、また過激派による爆破テロ事件も続発するなど、物騒な状況があった。

しかし、古式ゆかしい儀式は参列者に好意的に受け入れられたようだ。たとえば、ドミニカ共和国のモラレス副大統領は、厳粛な即位礼の儀式に感銘を受けている。

「即位の礼と関連諸行事は、荘厳華麗にして人間的配慮に溢れ、日本の栄光ある歴史と伝統、現在の国力と国際的地位を示すものであった。また、コンピューターの如き諸行事の運行に驚いた。天皇は日本の敬愛の的であることは、沿道で外国代表を歓迎する市民の表情でも明らか。開かれた皇室と世界に開かれた日本国民の心を伺わせる」（内閣官房前掲書）。

また、ヴァイツゼッカーは統一ドイツの代表として、即位礼正殿の儀にも出席したが、外務省の行き届いた準備に賛辞を贈っている。

「大変整然と行われ感銘を受けた。ここまできちんとできるのは日本のみであろう。天気も上々。日本外務省は素晴らしい天気を用意してくれたものだ」（同前）。

それから三十年後、令和の御代替わりでは、さらに外国からの賓客が増した。

二〇一九年十月二十日に行われた即位礼正殿の儀には、前回を上回る百九十一か国と機関から元首や祝賀使節が参列している。あらためて皇室と世界のつながりが、広く国内外に紹介される機会ともなった。

この来日で明治神宮を参拝に訪れた外賓は以下の方々だ。

即位礼正殿の儀（二〇一九年十月二十二日）前後

スイス連邦参事兼国防・市民防衛・スポーツ大臣、ウクライナ国大統領、インド国大統領、イタリア共和国上院議長、アンドラ公国外務大臣、ジョージア国大統領、パプア・ニューギニア独立国総督、セルビア共和国要人、ルクセンブルク大公国要人、南スーダン共和国要人、ボスニア・ヘルツェゴビナ国要人、メキシコ合衆国内務大臣

アンドラ公国は、フランスとスペインに挟まれてピレネー山脈中腹に位置する、人口八万四千人の小さな国だ。一九九三年に、フランス・スペインの承認を受けて独立国家となった。日本は一九九五年から、同国と外交関係を開設している。

この新しい国から訪れたマリア・ウバク・フォン外務大臣は、日本の外賓接遇のあり方に学ぶことが大きかったようだ。令和即位礼に参列した各国要人の感想は、総理大臣官邸ホームページで公開されているが、アンドラ公国外務大臣夫妻は次のようなコメントを残している。

「来年アンドラでイベロ・アメリカ首脳会議が開催されるので、日本において大規模行事がどのように開催されるのか注視していた。今朝、宿泊先を出発する際に、ホテルのスタッフがずらっと整列し見送ってくれたのには驚き、感激した」。

また、ルーマニアのクラウス・ヨハニス大統領は、平素は緊張関係にある世界各国が、日本皇室のもとに一堂に会することの国際的な意義について言及しており興味深い。

「即位の礼は、日本や日本国民にとって重要であったのみならず、国際的にも特別な意義を持ち、統合や結束といった趣旨を発信していたことを感じた。不和をもたらす様々な挑

戦や危機がますます増えている中で、あの日、世界中の国家元首や政府高官が東京で一堂に会して、天皇陛下のお側で、新たな令和の時代をお祝いしたということは、大変重要なことであったと感じる」。

日本外交の百五十年

さかのぼれば、鎖国を解いた新日本が諸外国との交際を始めたのが明治初年のことだった。

第四章の舞台となった外苑聖徳記念絵画館には、この激動の時代を描いた八十点の壁画があるが、このうち画面に初めて外国人が登場するのは、一八六八年（明治元）二月三十日（新暦三月二十三日）の「各国公使召見」を描いた十一番目の作品だ〔図6-7〕。

新政府では、諸外国との交際は必要不可欠であるとの方針から、この日、明治天皇が各国公使を引見する運びとなったものだ。駐日フランス公使レオン・ロッシュと、オランダ公使フォン・ポルスブルックが、京都御所の紫宸殿で謁見を果たしている。壁画に描かれているのはオランダ公使引見の光景だ。

注目したいのが、ここに描かれていない人物だ。『明治天皇紀』は記す。

「是の日、英国公使パークス亦参朝せんとして旅館知恩院を出で、新門前通縄手の街角に至るや、兇徒二人、白刃を揮ひて其の従衛を衝き、之れを乱斫す」。

図6-7 「各国公使召見」広島晃甫画　外苑聖徳記念絵画館所蔵

世にいう英国公使パークス襲撃事件とは実にこの日の出来事だった。ハリー・パークスもまた天皇に拝謁の予定で御所に向かう道すがら、攘夷派の兇徒に襲撃されたのだ。新政府が外交の一歩を踏み出した明治初年が、いかに騒然とした情勢であったか。画面には不在である一人の人物の存在から、歴史の背景が浮かび上がる。

その明治初年から百五十余年。

今では他の国が日本に外賓接遇のあり方を学ぶ時代になった。

これからも、外国からの賓客のうち、ある者は明治神宮を訪れ、ある者は来ない。それに変わりはないだろう。しかし、ひとつの親善訪問・表敬参拝が実現した背景には、明治天皇とその時代の人々が切り拓いた黎明期の外交があり、そして、国際社会への復帰を模索した戦後復興期の外交がある。そのことに思いを致し、常に心からお迎えする。それもまた変わることはないのだ。

2020——100年目の明治神宮——結びにかえて

コロナ禍で迎えた鎮座百年

ここまで明治神宮——代々木の森とともに百年の時をめぐった。

再び、二〇二〇年（令和二）十一月一日の鎮座百年祭へと立ち戻りたい。「はじめに」で記したように、明治神宮では二〇二〇年十月三十一日から十一月四日までの五日間にわたり鎮座百年大祭を斎行した。新型コロナウイルス感染拡大防止のため、賑々しい記念行事や式典は中止を余儀なくされたが、大祭に先立つ十月二十八日には、天皇皇后両陛下、上皇上皇后両陛下、秋篠宮皇嗣同妃両殿下の御参拝を賜った。

また、鎮座百年祭にあたり天皇皇后両陛下より、次の御製御歌を賜っている。

御製

百年《ももとせ》の世のうつろひをみまもりし御社《みやしろ》は建つ明治の杜に

御歌

木々さやぐ豊《ゆた》けき杜の御社《みやしろ》に参りて明治の御代を偲びぬ

明治の森は、訪れる者がその木々のさやぎに耳をすませば、百年の世の移ろいのさまざまを我々に語りかけてくれる、そのような森でもある。

本書は、これまで明治神宮を訪れた外国人たちに着目し、内と外の視点から百年の森の歴史をひも解く、初めての試みとなった。

筆者は、鎮座八十年の年に明治神宮に奉職した。それから二十年。百年の五分の一をこの森と過ごしたことになる。思えばこの二十年間、自らが執筆活動で繰り返してきたことは、内と外から明治神宮、あるいは明治日本を見つめなおす作業だったように思われる。渋沢栄一をはじめとする造営者たちの洋行体験を追跡することしかり、エンプレス・ショーケンに導かれて赤十字「昭憲皇太后基金」の軌跡を訪ねた前著しかりだ。その意味で本書は、「明治神宮の比較文化史」ともいうべきシリーズの最新作にあたる。

邂逅の森

当初、鎮座百年の刊行を期して調査を始めたころには思いもしなかったが、コロナ禍で迎えた百年目は外国人参拝者がかつてないほど少ない一年になった。

そのようななかにも、本書執筆から生まれた幾つかの得難い出会いがあった。

一つ目は、「カリフォルニアのライス・キング」こと、国府田敬三郎（第五章）の農園を継ぐ人物との出会いだ。その名を、国府田ロス（Ross Koda）という。現在の国府田ファームのオーナーで、敬三郎の孫にあたる。

福島からの北米移民・国府田敬三郎のことは、明治神宮の戦後復興史をまとめた十余年前に知り、いつかその足跡を訪ねたいと思っていた。今回、改めて調べると、敬三郎を主人公としたドキュメンタリー映画が、二〇一五年（平成二十七）に制作されていることがわかった。「seed ドス・パロスの碧空《そら》」という作品だ。是非見たい。国府田ファミリーに会いたい──。そのような願いから、思い切って関係者にコンタクトしたところ、映画の共同プロデューサーで国府田家とも親しい井出英雄氏の知遇を得ることができた。

そこから実現したのが、巻末の附録年表に記すところの次の一行だ。

二〇一九年十二月十七日
米国国府田ファーム社長・国府田ロス、米国加州産清酒UKA奉納奉告正式参拝
祖父・敬三郎から六十年の時を経て、孫の国府田ロスが明治神宮にやってきたのだ！

［図1］

この時、国府田氏が是非、神前に奉納したいと申し出たのが、試作中だという日本酒「UKA」だった。カリフォルニアで祖父が育てた「国宝ローズ」という銘柄の米を使

い、郷里・福島の水で仕込む日本酒。それを孫の手で完成させることが国府田ロス長年の夢だったという。蛹が蝶に成長を遂げる「羽化」にちなんだ命名には、祖父から孫へと引き継がれた米への思いが込められていた。

図1　2019年12月、祖父の足跡をたどり明治神宮を訪れた国府田ロス氏（中央）

　そんな国府田氏の情熱に動かされ、醸造を引き受けた二本松の酒蔵「人気酒造」の遊佐勇人社長によれば、ＵＫＡはコロナ禍で遅れていた米国での認証もついに終わり、二〇二一年春からカリフォルニアへと出荷されているという。

　もう一つの出会いには、その背景にチェコと明治神宮との遠くて近いご縁があった。二〇一一年三月十一日。東日本大震災の知らせはプラハにも届いた。

　チェコ日本友好協会名誉会長のベラ・チャスラフスカはすぐに、日本のカウンターパートナーである日本チェコ友好協会へと激励のメッセージを送っている。第六章に

図2　2012年3月、被災地の中学生をプラハに招待したベラ・チャスラフスカ（右）と大鷹節子氏　大鷹節子氏所蔵

登場した不屈の五輪メダリストは、生涯日本を愛し、日本に愛された女性でもあった。

さらに、チャスラフスカは震災翌年の二〇一二年、被災した岩手県陸前高田市と大船渡市の子供たちを、プラハに招待している。この時、中学生二十六名を引率した日本側の代表が、日本チェコ友好協会会長（当時）の大鷹節子氏だった［図2］。

同氏の夫・正氏は、一九八三年（昭和五十八）から八七年までプラハで日本大使を務めており、夫妻ともにチェコと親しく交わってきた。

その大鷹節子氏と、鎮座百年の年にめぐり会う機会を得た。間をとりもってくださったのは、チェコガラスを愛してやまないギャラリー仲摩の仲摩マサ枝氏だ（第六章に登場）。この出会いが有難いのは、実は大鷹氏の曾祖父は、明治神宮第二代宮司の一戸兵衛であるからだ。奇しき縁とはこのことだ。

一戸宮司のことは、第二章の冒頭、外苑野球場の始球式でボールを投げた人物として、少しだけ触れた。宮司の孫娘で大鷹氏の母親にあたる小野寺百合子が、この日の祖父の様子を書き残している（『私の明治・大正・昭和』）。

オープンした神宮球場の完成の日、祖父が始球式をするというので、今までに球をにぎったことさえない祖父がどんな球をなげるか、うち中が心配していた。果たして新聞の夕刊に載った始球式の祖父のおかしな格好は恥ずかしくもあり、愛嬌もあった。

小野寺百合子もまた外交官に嫁ぎ、大戦時はストックホルム駐在武官の妻として激務を全うした。戦後は、「ムーミン」の翻訳者としても活躍するのだが、これはまた別の話だ。

二〇二〇年春、明治神宮でお目にかかった大鷹節子氏は、同年に予定した日本チェコ修好百年の諸行事がコロナ禍で取りやめとなったことを嘆いていた。しかし、両国の友好はこれからも続く。この先、その親善の活動に明治神宮が役立つことがあるならば、それもまたご縁だろう。

これまでもこれからも、明治神宮は世界に開かれた日本の窓であり、内と外の歴史が出会う邂逅の森であるようにと願っている。

刊行にあたっては、多くの方々のご指導・ご協力をいただいた。お世話になった方々の名前は巻末に別記したが、この場を借りて心からの感謝をお伝えしたい。また、「第二章二節　亡命タタール人が榊に託した日本との未来」については、稲賀繁美編『海賊史観からみた世界史の再構築』（思文閣出版、二〇一七年）に寄稿したコラムに手を加えて再録した。稲賀繁美氏（当時、国際日本文化研究センター教授）、思文閣出版新刊事業部の田中峰人氏には、格別のご理解とご高配を賜った。ここに特記して謝意を表する。

最後に、平凡社新書編集長の金澤智之氏に、お詫びとお礼を申し上げたい。

鎮座百年の節目に是非本にしたい。当方からお願いしておきながら遅々として進まず、百一年目の刊行となってしまった。この間、金澤氏の辛抱強い励ましがなければ、本書を書き上げることは到底不可能だった。ありがとうございました。

二〇二一年七月

今泉宜子

参考文献

※一部、明治神宮所蔵資料をのぞく

明治神宮全般

今泉宜子『明治神宮　戦後復興の軌跡』鹿島出版会、二〇〇八年
今泉宜子『明治神宮　「伝統」を創った大プロジェクト』新潮社、二〇一三年
佐藤一伯『明治聖徳論の研究　明治神宮の神学』国書刊行会、二〇一〇年
戸浪裕之「明治神宮の創建・鎮座と発展　戦前期明治神宮の通史的理解の試み」『明治聖徳記念学会紀要』復刊第五十六号、二〇一九年十一月
内務省神社局編集発行『明治神宮造営誌』復興版、一九三〇年
中野裕三「明治神宮の復興と発展　昭和戦後期の変遷を振り返る」『明治聖徳記念学会紀要』復刊第五十六号、二〇一九年十一月
藤田大誠・青井哲人・畔上直樹・今泉宜子編『明治神宮以前・以後　近代神社をめぐる環境形成の構造転換』鹿島出版会、二〇一五年
明治神宮編集発行『明治神宮五十年誌』一九七九年
明治神宮編集発行『明治神宮史年表　大正・昭和・平成　1920〜2017』二〇一八年
明治神宮外苑編集発行『半世紀を迎えた栄光の神宮球場』一九七七年
明治神宮外苑編集発行『明治神宮外苑七十年誌』一九九八年
明治神宮奉賛会編集発行『明治神宮外苑志』一九三七年

山口輝臣『明治神宮の出現』吉川弘文館、二〇〇五年

序章　明治神宮の誕生

家城定子『原宿の思い出』講談社出版サービスセンター、二〇〇二年
大木栄助編『平和記念東京博覧会写真帖』郁文舎、一九二二年
コータッツィ、サー・ヒュー『歴代の駐日英国大使1859―1972』文眞堂、二〇〇七年
サンド、ジョルダン『帝国日本の生活空間』岩波書店、二〇一五年
平山昇『初詣の社会史　鉄道が生んだ娯楽とナショナリズム』東京大学出版会、二〇一五年
望月小太郎『世界に於ける明治天皇』明治神宮編『明治神宮叢書』第四巻、国書刊行会、二〇〇一年
ポラック、クリスチャン・鈴木真二編『日仏航空関係史　フォール大佐の航空教育団来日百年』東京大学出版会、二〇一九年
ロオカ、トマス『御遠足』高瀬毅訳、空前社、一九二七年

第一章　世界が空に夢中だったころ――飛行機乗りたち

荒山彰久『日本の空のパイオニアたち　明治・大正18年間の航空開拓史』早稲田大学出版部、二〇一三年
伊藤功一『ミス・ビードル、高くゆっくりとまっすぐに翔べ　太平洋無着陸横断飛行に挑戦した男たちの記録』グリーンアロー出版社、二〇〇三年
[外務省]「伊国軍用飛行機本邦飛来一件」一九二五年、戦前期外務省記録3・6・9・12、外交史料館所蔵
[外務省]「リンドバーグ大佐飛来関係」一九三一年、戦前期外務省記録F・1・10・0・4―1、外交史

料館所蔵
春日恒男「航空神社小史」『文化資源学』第六号、二〇〇七年
故阪谷子爵記念事業会編集発行『阪谷芳郎伝』一九五一年
坂井久能「営内神社等の創建」『国立歴史民俗博物館研究報告』一四七、二〇〇八年十二月
末澤芳文『女も飛びたい　航空黎明期に大活躍した女性パイロットの群像』カロス出版、二〇一五年
鈴木五郎『ああヒコーキ野郎　日本の空・人間航空秘史』グリーンアロー出版社、一九七七年
関根伸一郎『飛行船の時代　ツェッペリンのドイツ』丸善、一九九三年
帝国飛行協会編纂発行『日本航空殉難史』一九三一、一九三二、一九三三、一九三四、一九三六年
長島要一『大正十五年のヒコーキ野郎　デンマーク人による飛行新記録とアジア見聞録』原書房、二〇一六年
日本軽飛行機倶楽部東京帆走飛行研究会図書部編集発行『航空忠魂録』一九四一年
日本航空協会編集発行『日本航空史　明治・大正篇』一九五六年
日本航空協会編集発行『日本民間航空史話』一九六六年
日本航空協会編集発行「航空神社、航空会館屋上へ」『航空と文化』十、十一号、一九八四年
日本航空協会編集発行『協会75年の歩み　帝国飛行協会から日本航空協会まで』一九八八年
日本航空協会『航空神社抄史』二〇一五年
野間清治『日米親善北太平洋横断飛行に就いて　衷情を披瀝して満天下に訴ふ』報知新聞社、一九三一年
パワシュ＝ルトコフスカ、エヴァ『日本・ポーランド関係史　増補改訂』彩流社、二〇二〇年
報知新聞社編集発行『謹みて太平洋横断飛行の経過を報告す』一九三五年
松村由利子『お嬢さん、空を飛ぶ　草創期の飛行機を巡る物語』ＮＴＴ出版、二〇一三年

明治神宮「明治神宮記録」『明治神宮叢書』一二、国書刊行会、二〇〇〇年
リンドバーグ、アン・モロー『翼よ、北に』みすず書房、二〇〇二年
渡部一英「違法飛行問題点描」『飛行』一九三二年九月

第二章　独立運動の志士は祈った——革命家たち

葦津珍彦『明治維新と東洋の解放』皇学館大学出版部、一九九五年
井川聡『頭山満伝　ただ一人で千万人に抗した男』潮書房光人社、二〇一五年
稲垣武『革命家チャンドラ・ボース　祖国解放に燃えた英雄の生涯』潮書房光人社、二〇一三年
汪精衛『汪精衛自叙伝』大日本雄弁会講談社、一九四一年
鴨澤巌「在日タタール人についての記録」(一)(二)『法政大学文学部紀要』二八、一九八二年、二九、一九八三年
小松久男『イブラヒム、日本への旅　ロシア・オスマン帝国・日本』刀水書房、二〇〇八年
情報局編『アジアは一つなり　大東亜会議各国代表演説集』印刷局、一九四三年
店田廣文『日本のモスク　滞日ムスリムの社会的活動』山川出版社、二〇一五年
デュンダル、メルトハン「私は夢も日本語で見ていた」塩川伸明・小松久男・沼野充義編『ユーラシア世界2　ディアスポラ論』東京大学出版会、二〇一二年
寺見元恵『フィリピンの独立と日本　リカルテ将軍とラウレル大統領』彩流社、二〇一四年
中島岳志『中村屋のボース　インド独立運動と近代日本のアジア主義』白水社、二〇〇五年
中道寿一『君はヒトラー・ユーゲントを見たか?』南窓社、一九九九年
西山克典「クルバン・ガリー略伝　戦間期在留回教徒の問題に寄せて」『ロシア革命史研究資料』三、一九

九六年
沼田彩誉子「東京のタタール移民関連写真資料　１９４０年代から６０年代まで」『アジア文化研究所研究年報』四八、二〇一四年
バー・モウ『ビルマの夜明け　バー・モウ独立運動回想録』太陽出版、一九七三年
深田祐介『大東亜会議の真実　アジアの解放と独立を目指して』ＰＨＰ研究所、二〇〇四年
藤田大誠「明治神宮体育大会とオリンピック　日本的神前スポーツの近代的転回」『神園』二二、二〇一九年十一月
ボース、チャンドラ『闘へる印度　Ｓ・チャンドラ・ボース自伝』綜合インド研究室、一九四三年
松長昭『在日タタール人　歴史に翻弄されたイスラーム教徒たち』東洋書店、二〇〇九年
三沢伸生「１９５０年代における在日タタール人に関する史料　データベース化すべき私文書史料一例」『アジア文化研究所研究年報』四八、二〇一四年
水野久直『魂は消えじ』赤間関書房、一九六九年
山口瞳「蒼い目の日本人」『追悼』下、論創社、二〇一〇年
山田生記「東京回教学校満十年祝賀会記事」『日本及日本人』三四九、一九三七年
ラウレル、ホセ・Ｐ『ホセ・Ｐ・ラウレル博士戦争回顧録』日本教育新聞社、一九八七年

１９４５―敗戦と明治神宮

五百旗頭真『米国の日本占領政策』上下、中央公論社、一九八五年
井門富二夫編『占領と日本宗教』未来社、一九九三年
大原康男『神道指令の研究』原書房、一九九三年

岡田米夫『神祇院終戦始末　神社の国家管理分離資料』神社本庁、一九六四年
GHQ／SCAP文書国立国会図書館憲政資料室所蔵PWC－1・R2
GHQ／SCAP文書国立国会図書館憲政資料室所蔵CIE（A）08682～08685
神社新報社編集発行『神道指令と戦後の神道』一九七一年
神社新報社編集発行『近代神社神道史』二〇〇三年
新日本宗教団体連合会調査室編集発行『戦後宗教回想録』一九六三年
中野毅「アメリカの対日宗教政策の形成」井門富二夫編『占領と日本宗教』未来社、一九九三年
山極晃・中村政則編『資料日本占領1　天皇制』大月書店、一九九〇年

第三章　スポーツの戦後と外苑の行方――占領者たち

天川晃ほか編『GHQ日本占領史21　宗教』日本図書センター、二〇〇〇年
池井優『白球太平洋を渡る　日米野球交流史』中央公論社、一九七六年
井尻俊之・白石孝次『1934フットボール元年　父ポール・ラッシュの真実』ベースボール・マガジン社、一九九四年
ウッダード、ウィリアム『天皇と神道　GHQの宗教政策』サイマル出版会、一九八八年
キャピー原田『太平洋のかけ橋　戦後・野球復活の裏面史』ベースボール・マガジン社、一九八〇年
後楽園スタヂアム社史編纂委員会編『後楽園の25年』後楽園スタヂアム、一九六三年
越澤明『東京都市計画の遺産　防災・復興・オリンピック』筑摩書房、二〇一四年
小宮京「三木武夫研究序説　「バルカン政治家」の政治資源」『桃山法学』二二、二〇一三年
佐野眞一『巨怪伝　正力松太郎と影武者たちの一世紀』文藝春秋社、一九九四年

佐山和夫『二つのホームベース　白球が知る日系二世戦争秘話』河出書房新社、一九九五年
GHQ／SCAP文書国立国会図書館憲政資料室所蔵CIE（A）08674〜08678
昭和館学芸部編『希望を追いかけて　フロリダ州立大学所蔵写真展』昭和館、二〇一八年
立花譲『帝国海軍士官になった日系二世』築地書館、一九九四年
日本アメリカンフットボール協会編集発行『限りなき前進　日本アメリカンフットボール五十年史』一九八四年
波多野勝『日米野球史　メジャーを追いかけた70年』PHP研究所、二〇〇一年
波多野勝『日米野球の架け橋　鈴木惣太郎の人生と正力松太郎』芙蓉書房出版、二〇一三年
フィッツ、ロバート・K『大戦前夜のベーブ・ルース　野球と戦争と暗殺者』原書房、二〇一三年
藤田大誠「神宮外苑になぜ競技場が造られたのか」『春秋』五五四、二〇一三年
古橋廣之進『古橋廣之進　力泳三十年』日本図書センター、一九九七年
松本瀧蔵「二世の立場より観たる敵国アメリカ」『日本と世界』二〇〇、一九四三年
松本瀧蔵「帰還報告」日本水泳連盟『使命を果して　渡米選手の手記』月曜書房、一九四九年
松本満郎「父松本瀧蔵の想いで」『野球殿堂博物館ニュースレター』二六（二）、二〇一六年
山梨日日新聞社編集発行『清里の父　ポール・ラッシュ伝』二〇〇四年
山室寛之『プロ野球復興史　マッカーサーから長嶋4三振まで』中央公論新社、二〇一二年

第四章　絵画館にみる美術と戦争——続・占領者たち

井上亮『天皇の戦争宝庫　知られざる皇居の靖国「御府」』筑摩書房、二〇一七年
打越孝明『絵画と聖蹟でたどる明治天皇のご生涯』新人物往来社、二〇一二年

落合則子「川村清雄の構想画と鎮魂《振天府》の制作をめぐって」二〇一七年十二月十七日「戦争と鎮魂」共同研究会配布資料
金子一夫「明治期中等学校図画教員の研究（七）東京府中部地方」『茨城大学教育学部紀要』四〇、一九九一年
河田明久「「それらをどうすればよいのか」米国公文書にみる「戦争記録画」接収の経緯」『近代画説』八、一九九九年
河田明久「「作戦記録画」小史1937～1945」針生一郎ほか編『戦争と美術1937―1945』改訂版、国書刊行会、二〇一六年
木下直之『銅像時代　もうひとつの日本彫刻史』岩波書店、二〇一四年
木村駿吉著発行『川村清雄　作品と其人物』一九二六年
［宮内省臨時帝室編修局］『禁廷三寶庫誌』一九二五年、宮内庁宮内公文書館所蔵
隈元謙次郎「明治中期の洋画（一）明治美術会を中心として」『近代日本美術の研究』大蔵省印刷局、一九六四年
近藤史人『藤田嗣治「異邦人」の生涯』講談社、二〇〇二年
阪谷芳郎『阪谷芳郎明治神宮関係書類』第四部「明治神宮奉賛会絵画館画題に関する書類」明治神宮所蔵
佐藤香里「GHQの美術行政　CIE美術記念物課による「美術の民主化」と矢代幸雄」『近代画説』一二、二〇〇三年
GHQ／SCAP文書国立国会図書館憲政資料室所蔵CIE（D）04811
GHQ／SCAP文書国立国会図書館憲政資料室所蔵CIE（D）04823

GHQ／SCAP文書国立国会図書館憲政資料室所蔵CIE（C）06269〜06270
竹前栄治『GHQ』岩波書店、一九八三年
常井久太郎編『明治美術会報告　第一回』『同　第二回』明治美術会、一八八九年
富田芳和『なぜ日本はフジタを捨てたのか？　藤田嗣治とフランク・シャーマン1945〜1949』静人舎、二〇一八年
林えり子『福澤諭吉を描いた絵師　川村清雄伝』慶應義塾大学出版会、二〇〇〇年
林洋子「『壁画謹製記録』に見る美術界と「歴史」の出会い」明治神宮編『明治神宮叢書』一八、国書刊行会、二〇〇三年
平瀬礼太「戦争画とアメリカ」『姫路市立美術館研究紀要』三、一九九九年
平瀬礼太「戦争画とアメリカ　補遺」『姫路市立美術館研究紀要』五、二〇〇一年
平瀬礼太「戦争と美術コレクション　そこにあってはならないもの」木下直之編『美術を支えるもの』東京大学出版会、二〇〇五年
平瀬礼太『銅像受難の近代』吉川弘文館、二〇一一年
平瀬礼太『彫刻と戦争の近代』吉川弘文館、二〇一三年
平瀬礼太「作戦画の行方　1945〜現在」針生一郎ほか編『戦争と美術　1937―1945』改訂版、国書刊行会、二〇一六年
水上弘躬「壁画画題撰定ノ経過及其成果」『明治神宮奉賛会通信』六六号附録、一九二一年十一月
明治神宮奉賛会編『壁画謹製記録』明治神宮編『明治神宮叢書』一八、国書刊行会、二〇〇三年

1958―明治神宮の戦後復興

佐伯彰一・神吉敬三編『旅人への贈り物　ボルヘス日本滞在誌』法政大学出版局、一九八二年
神社新報社編集発行『戦後神道界の群像』二〇一六年
神社本庁編集発行『神社本庁十年史』一九五六年
角南隆「明治神宮社殿の復興計画について」『新建築』三四（三）、一九五九年
副島廣之『神苑随想』明治神宮崇敬会、一九八八年
副島廣之『私の歩んだ昭和史』明治神宮崇敬会、一九八九年
副島廣之『続・私の歩んだ昭和史』明治神宮崇敬会、一九九二年
副島昌俊「特別寄稿」『佐賀県神社庁報』二六七、二〇二〇年十二月
中島精太郎「戦後の教学教化活動　古きためしをたずねつつ」『神園』二四、二〇二〇年十一月
松岡正剛『本から本へ　千夜千冊エディション』KADOKAWA、二〇一八年

第五章　祖国への眼差し――日系移民たち

石黒忠篤先生追憶集刊行会編集発行『石黒忠篤先生追憶集』一九六二年
伊勢神宮ブラジル崇敬会「ブラジルに於ける神道三社の現状と歴史」神道国際友好会編集発行『第十回海外交流 神道南米宗教事情視察団記録』一九八二年
小笠原省三『海外同胞に伊勢神宮御遷宮祭を語る』拓殖文化研究所、一九五五年
岡野護編著『年表　移住150年史　邦人・日系人・メディアの足跡』風響社、二〇二〇年
岡部牧夫『海を渡った日本人』山川出版社、二〇一七年
神乃家巌戸神社ブラジル大神宮記念史発刊委員会編集発行『森下鈴子橋教祖開祖五十周年誌　あゆみ』一九九一年

河村幽川編『国府田敬三郎伝』エドワード・K・国府田、一九六五年
国府田英二編集発行『国府田敬三郎とアメリカの米づくり　ライス・キング　その生涯の記録と祖国への警告』一九八八年
御坊市歴史民俗資料館編集発行『カナダ・アメリカの移民と花月栄吉・和田勇』一九九八年
サンパウロ新聞社編集発行『菊のした水　和田周一郎伝』一九八四年
角田房子『宮坂国人伝』南米銀行、一九八五年
中川正光編著『生成通信』第一～三集、生成会本部、一九九二年
日本移民学会編『日本人と海外移住　移民の歴史・現状・展望』明石書店、二〇一八年
日本移民五十年祭委員会編集発行『物故先駆者列伝　日系コロニアの礎石として忘れ得ぬ人びと』一九五八年
日本農業研究所編著『石黒忠篤伝』岩波書店、一九六九年
深沢正雪『「勝ち組」異聞　ブラジル日系移民の戦後70年』無明舎出版、二〇一七年
藤岡洋保『明治神宮の建築　日本近代を象徴する空間』鹿島出版会、二〇一八年
前田孝和「ブラジルの神社　遥か二万キロの彼方にて」『皇学館大学神道研究所所報』四二、一九九二年
前田孝和『海を渡ったお伊勢さま　海外神社の今』伊勢神宮崇敬会、二〇〇八年
前山隆『異邦に「日本」を祀る　ブラジル日系人の宗教とエスニシティ』御茶の水書房、一九九七年
宮城松成編『ブラジル日系紳士録　1965』日系出版社、一九六五年
宮坂国人「最近のブラジル事情」『海外貿易情報』三一、一九五二年七月
明治神宮農林水産物奉献会編集発行『明治神宮農林水産物奉献会創立三十周年記念　都市農業に息づく心』二〇〇二年

1964―明治神宮とオリンピック
東龍太郎「東京五輪と平沢さん」『サンデー毎日』一九七七年三月二十七日
岡邦行「「東京オリンピック」と「野球」」『野球太郎』七、二〇一四年一月
波多野勝『東京オリンピックへの遥かな道』草思社、二〇一四年
平沢和重「オリンピック奇縁」東龍太郎『オリンピック』わせだ書房、一九六二年
明治神宮境内総合調査委員会編「明治神宮備林施業の概要」『明治神宮境内総合調査報告』明治神宮、一九八〇年

第六章　参拝の向こう側――大統領たち

飯田コーネリアス『八十年代日米関係の光と翳』パブフル、二〇一八年
長田渚左『桜色の魂　チャスラフスカはなぜ日本人を50年も愛したのか』集英社、二〇一四年
［外務省］「日本万国博覧会（1970年於大阪）外国元首及び要人招請　欧州諸国　チェッコスロヴァキア」一九六九―一九七〇年、戦後外交記録E′1・2・2・7―14―4―3、外交史料館所蔵
［外務省］「チェッコ要人訪日」一九七〇―一九八五年、戦後外交記録2016―0812、外交史料館所蔵
［外務省］「米州諸国大統領本邦訪問関係雑件　アイゼンハゥアー米国大統領関係　報道関係」第一―二巻、一九九一年、戦後外交記録A′1621―1―5、外交史料館所蔵
加瀬英明編『宮中晩餐会　お言葉と答辞』日本教文社、一九九三年
チャスラフスカ、ベラ『私は日本が忘れられない』ベースボール・マガジン社、一九六五年
寺西千代子『プロトコールとは何か　世界に通用する公式マナー』文藝春秋、二〇一六年

内閣総理大臣官房編集発行『平成即位の礼記録』一九九一年
日本政策研究センター編集発行『解説　即位の礼・大嘗祭』二〇一八年
パヴェレツ、ペトル『チェコ共和国と日本　外交・経済・文化交流の100年』駐日チェコ共和国大使館、二〇一九年
原彬久編『岸信介証言録』中央公論新社、二〇一四年
舟橋正真『「皇室外交」と象徴天皇制　一九六〇〜一九七五年』吉田書店、二〇一九年
ペドロヴァ、シルヴァ「芸術に捧げた人生　スタニスラフ・リベンスキー、ヤロスラヴァ・ブリフトヴァー夫妻」『日本チェコ文化交流〜聖なる森と光のコラボレーション〜スタニスラフ・リベンスキー　ヤロスラヴァ・ブリフトヴァーガラス彫刻展』DVD図録、民族芸術交流財団、二〇〇二年
リベンスキー、スタニスラフ・ブリクトーヴァ、ヤロスラヴァ「スタニスラフ・リベンスキー&ヤロスラヴァ・ブリクトーヴァ　インタヴュー」『グラスワーク』一〇、一九九一年十月
Klasová, Milena. *Lebenský Brychtová*. Gallery, 2002.

2020―100年目の明治神宮

井出英雄著発行『Seed（邦題　ドスパロスの碧空）制作秘話』二〇一五年
大鷹節子「被災地の中学生とのチェコ訪問」『町田フィル』六七、二〇一二年七月二十九日
小野寺百合子『私の明治・大正・昭和　戦争と平和の八十年』共同通信社、一九九〇年

御協力いただいた方々　※所属先は当時のもの。敬称略、五十音順

井出英雄、井上久美子（海外移住資料館）、大鷹節子（日本チェコ友好協会）、小川晶子（野球殿堂博物館）、音羽悟（神宮司庁）、金子一夫（茨城大学）、Koda, Ross（国府田ファーム）、Safa, Ramazan、澤田美佐子、Séguéla, Matthieu（日仏会館フランス事務所）、副島昌俊、高橋奈津子（昭和館）、武野剛（日本航空協会）、Čapková, Helena（立命館大学）、Davis, Hannah（フロリダ州立大学）、Dündar, Ali Merthan（アンカラ大学）、豊田雅幸（立教学院展示館）、中川文隆（鉄砲洲稲荷神社）、長島要一（コペンハーゲン大学）、仲摩マサ枝（ギャラリー仲摩）、夏井孝子、野田安平（靖國神社）、秦英水子（ポール・ラッシュ記念館）、廣嶋京子（日本航空協会）、筆谷敏正（野球殿堂博物館）、Breen, John（国際日本文化研究センター）、Holý, Petr（チェコ蔵）、前田孝和（神社新報社）、松本満郎、松本恭子、丸山勇（国際文化会館）、丸山聡一（富岡八幡宮）、三沢伸生（東洋大学）、村上健太（チェコ大使館）、山本もと子（秩父宮記念スポーツ博物館・図書館）、遊佐勇人（人気酒造）、Yoshimura Eduardo Mitiaki（サンパウロ日伯援護協会）、Raynera, Maricel（ホルヘ・B・ヴァルガス博物館）、Rutkowska, Ewa P.（ワルシャワ大学）

［附録年表］明治神宮を訪れた主な外国人たち 1920—2020

元号	西暦	月・日	事項
大正9	1920	11・1	**明治神宮鎮座祭**
		11・19	駐日英国大使チャールズ・N・E・エリオット、正式参拝
10	1921	7・27	南洋新領土の観光団36名、海軍省係員5名の案内で参拝
		12・9	米国人勲二等工学博士ジョン・アレキサンダー・ロウ・ワッデル夫妻、参拝
11	1922	12・29	米国人世界観光団約30名、参拝
12	1923	4・7	ベルギー観光団一行14名、参拝
		11・20	米国赤十字社代表ダブリテ・エス・ラムジー、正式参拝
		12・5	ローマ法王使節、参拝
13	1924	1・15	米国元大統領未亡人エディス・ルーズベルト、正式参拝
		6・1	米国大使サイラス・ウッズ夫妻、正式参拝
		10・30	第1回明治神宮競技大会（於・外苑競技場、〜11・3）
		12・8	米国大使エドガー・アディソン・バンクロフト、正式参拝
14	1925	9・16	英国第4皇子ジョージ親王殿下、参拝
		9・29	イタリア飛行士デ・ピネード中佐、機関士カンパネリ軍曹、大使代理リオネ武官、正式参拝
15	1926	4・22	仏国大使ポール・クローデル、普通参拝
		6・3	デンマーク国飛行士A・P・ボドヴェほか、正式参拝
		9・6	ポーランド国飛行士ボレスロワ・オルリンスキほか、正式参拝
		9・12	スウェーデン皇太子グスタフ・アドルフ親王同妃両殿下、参拝

			10・23	**明治神宮外苑奉献奉告祭**
昭和	2	1927	2・7	**大正天皇大喪儀**
			6・20	ノルウェー探検家ロアール・アムンゼン大佐一行、参拝
			9・5	チェコスロヴァキア公使ヨゼフ・シュヴァグロフスキーおよび同国飛行士、参拝
	3	1928	1・25	フィリピン大学総長イラフ・カルマほか二人、正式参拝
			7・25	イタリア大使ポンペオ・アロイージ、正式参拝
			11・10	**即位礼紫宸殿の儀**
	4	1929	5・5	英国王室名代第3皇子グロスター公ヘンリー親王殿下、参拝
			8・20	ドイツ飛行船ツェッペリン伯号乗員、20・21日両日に9名ずつ参拝
	5	1930	3・11	米国ブルックリン植物園長ジョージ・リード博士夫妻、花菖蒲研究のため来宮
			3・18	デンマーク皇太子、皇弟、皇従兄、各妃、参拝
	6	1931	4・8	シャム国皇帝ラーマ七世、皇后とともに参拝
			8・7	英国飛行家エミー・ジョンソンほか、参拝
			8・27	米国飛行家チャールズ・A・リンドバーグ夫妻、参拝
			9・18	**満州事変**
			11・7	エチオピア特派大使、参拝
	7	1932	3・2	国際連盟リットン調査団一行、参拝
			5・17	米国ニューヨーク新聞記者J・W・T・メーソン博士夫妻、参拝
			11・17	英国大使フランシス・リンドレー夫妻、参拝
			12・23	米国元大統領未亡人エディス・ルーズベルト、普通参拝
	8	1933	5・21	トルコ旧オスマン朝王子アブドール・カリム、正式参拝
			6・22	スウェーデン王族カール殿下、参拝（24日、花菖蒲鑑賞）

年号	年	西暦	月日	事項
昭和			7・20	在留英国神道研究家リチャード・ポンソンビ＝フェーン、参拝
			11・17	イタリア無線発明家・侯爵グリエルモ・マルコーニ、正式参拝
	9	1934	3・7	仏国女流飛行家マリー・イルスほか、正式参拝
			11・3	米国大リーグ選抜チーム来日。ベーブ・ルースほか、普通参拝
			11・4	米国大リーグ選抜チーム、全日本と5試合（於・外苑野球場、〜15日）
	10	1935	4・7	満州国皇帝溥儀陛下、参拝
			6・29	東京回教学校長ムハンマド・クルバンガリー以下27名、普通参拝
	11	1936	3・20	国際オリンピック委員会委員長バイエ・ラツール伯爵一行、正式参拝
			3・23	トルコ大使ヒエスレフ・ゲンデ夫妻、正式参拝
			5・18	仏国詩人ジャン・コクトー、普通参拝
	12	1937	3・1	サラワク王国王妃、参拝
			4・16	米国国際オリンピック委員ウイリアム・ガーランド夫妻、参拝
			6・1	仏国飛行士マルセル・ドレほか、参拝
			6・11	南インド・マイソール王国王子一行、普通参拝
			7・5	東京回教学校長ムハンマド・クルバンガリー以下職員・生徒、参拝
			7・7	**盧溝橋事件（日中戦争はじまる）**
	13	1938	2・20	イタリア政府派遣訪日親善大使使節団、参拝
			8・17	ドイツ国訪日青年団（ヒトラー・ユーゲント）一行、参拝
	14	1939	9・1	**ドイツ軍、ポーランド侵攻（第二次世界大戦勃発）**
	15	1940	4・26	紀元二千六百年祝賀使節団団長・ドイツ赤十字社総裁ゴーダ大公一行、正式参拝
			6・27	満州国皇帝溥儀陛下、参拝
			10・27	紀元二千六百年奉祝第11回明治神宮国民体育大会（於・外苑競技場、〜11・3）

昭和		
	11・2	ドイツ国ヒトラー・ユーゲント六名、普通参拝
16（1941）	1・2	インド人ラスビハリ・ボース、参拝
	2・16	蒙古政府主席徳王一行、正式参拝
	3・2	中華民国特命全権大使褚民誼、正式参拝
	3・2	イラン国特命全権公使アプル・ガシナヂミ、正式参拝
	4・11	アフガニスタン経済使節団、正式参拝
	6・19	中華民国国民政府主席汪精衛一行、正式参拝
	9・18	満州国特命全権大使李紹庚、建国10周年記念日につき、正式参拝
	9・18	スペイン国特命全権大使ホセ・ルイス・アメスコア、随員6名、正式参拝
	12・8	**ハワイ真珠湾攻撃。日本、対米英宣戦を布告**
	12・9	回教徒イブラヒム・ハヒフヂ以下15名、参拝
	12・18	イタリア大使マリオ・インデルリ、正式参拝
17（1942）	1・1	インド協会名誉総裁ラスビハリ・ボース、参拝
	3・18	満州国謝恩特派大使張景恵一行、参拝
	4・26	日泰同盟慶祝、タイ国特派使節団、正式参拝
18（1943）	3・20	ビルマ国行政長官バー・モウ一行17名、正式参拝
	4・8	中華民国訪日特派大使陳公博一行、参拝
	8・4	タイ国答礼使節、外務大臣ウィッチト・ウイジット・ワタカーン一行、参拝
	10・1	フィリピン独立準備委員長ホセ・P・ラウレル一行、正式参拝
	10・21	出陣学徒壮行会（於・外苑競技場）
	11・1	インド仮政府首班チャンドラ・ボース一行、正式参拝
	11・2	中華民国国民政府行政院院長汪兆銘一行、正式参拝

昭和	西暦	月日	事項
		11・2	満州国国務総理大臣張景恵一行、正式参拝
		11・7	第14回明治神宮国民錬成大会中央大会（於・外苑競技場）
		11・8	ビルマ国代表バー・モウ総理大臣一行、正式参拝
		11・8	タイ国代表ワンワイタヤーコーン殿下一行、正式参拝
		11・14	ジャワ参政会代表スカルノ一行、正式参拝
19	1944	4・20	フィリピン国特派大使アキノ一行、正式参拝
		11・18	ビルマ国代表バー・モウ一行、正式参拝
20	1945	4・14	**米B29の爆撃により、明治神宮社殿炎上**
		7・30	フィリピン大統領ホセ・P・ラウレル一行、正式参拝
		8・15	**終戦**
		9・4	米国リッチモンド・K・ターナー海軍中将以下6名、普通参拝
		9・18	**憲法記念館を除く外苑全施設、進駐軍に全面接収**
21	1946	6・19	GHQ民間情報局ウィリアム・バンスほか、花菖蒲拝観のため来苑
		8・20	英国海軍中将ボイド提督、正式参拝
22	1947	3・1	英国太平洋艦隊司令長官ベニス・ドイド中尉、参拝
		6・15	GHQ民間情報局ウィリアム・バンスほかを招き、茶会開催
		10・22	GHQ民間情報局ウィリアム・ウッダード、社頭視察のため来宮
		12・10	**外苑聖徳記念絵画館接収解除**
23	1948	1・17	アメリカンフットボール東西選抜対抗戦（第一回ライスボウル、於・外苑競技場）
24	1949	10・17	米国サンフランシスコ・シールズ来日、全日本ほかと2試合（於・外苑野球場）
26	1951	6・23	連合軍最高司令官マシュー・リッジウェイ大将夫妻、花菖蒲鑑賞に招待
		11・10	米国大リーグ選抜来日。全日本ほかと3試合（於・外苑野球場）

昭和			
27	1952	3・31	**明治神宮外苑全面接収解除**
30	1955	2・26	ブラジル大使夫妻、外苑聖徳記念絵画館壁画拝観
33	1958	11・1	**明治神宮本殿遷座祭（奉幣の儀）**
34	1959	1・25	米国大使ダグラス・マッカーサー2世、復興社殿見学
35	1960	4・12	米国大使館チャールズ・J・デーヴィスほか、来宮。六月下旬ドワイト・D・アイゼンハワー大統領表敬参拝打合せのため（後日中止の連絡あり）
		4・19	映画監督アルフレッド・ヒッチコック夫妻、正式参拝
		5・9	ドイツ宗教学者パウル・ティリッヒ夫妻、正式参拝
36	1961	2・27	タイ国元元首ピブン・ソンクラム将軍夫妻、正式参拝
		12・15	アルゼンチン共和国大統領アルトゥーロ・フロンディシ夫妻、表敬参拝
38	1963	11・7	ドイツ連邦共和国大統領ハインリッヒ・リュプケ夫妻、表敬参拝
39	1964	10・10	**東京オリンピック大会開会**
		10・12	オリンピック参加各国役員選手、御苑招待（隔雲亭にて抹茶接伴）。23日まで
		10・19	オランダ王女ベアトリクス殿下、正式参拝
		12・22	米国駐日大使エドウィン・O・ライシャワー、普通参拝
40	1965	4・18	西ドイツ・ボン大学日本学教授ヘルベルト・ツァヘルト、正式参拝
41	1966	1・8	米国大統領特使W・アベレル・ハリマン、エドウィン・O・ライシャワー大使夫妻の案内で正式参拝
		2・24	米国宇宙飛行士ウォルター・シラー、フランク・ボーマン両夫妻、正式参拝
		9・19	フランス哲学者ジャン・ポール・サルトル夫妻、参拝
43	1968	5・17	タイ国首相タノーム・キッティカチョーン夫妻一行、表敬参拝
45	1970	3・15	**日本万国博覧会（大阪万博）開会**

元号	年	西暦	月日	事項
昭和			3・31	チェコスロヴァキア社会主義共和国大統領ルドヴィーク・スヴォボダ、正式参拝。
			5・28	エチオピア皇帝ハイレ・セラシエ陛下、参拝
	48	1973	2・14	南ベトナム元国家元首バオ・ダイ帝、正式参拝
			9・21	エリザベス女王の従弟、英国王族ケント公・同妃両殿下、表敬参拝
	52	1977	8・27	米国国務長官サイラス・ヴァンス夫人一行、表敬参拝
			12・17	フィンランド首相カレヴィ・ソルサ、表敬参拝
	53	1978	10・6	ダライ・ラマ法王、正式参拝
	54	1979	6・25	アメリカ合衆国大統領ジミー・カーター、表敬参拝
			11・7	アルゼンチン作家ホルヘ・ルイス・ボルヘス、参拝
	55	1980	5・17	タイ国前首相クリアンサク・チャマナン、正式参拝
	56	1981	10・16	インド副大統領ヒダーイ・ウフ夫妻ほか8名、表敬参拝
	57	1982	1・14	アルゼンチン元大統領ロベルト・マルセーロ・レビングストン夫妻、正式参拝
	58	1983	1・18	カナダ国首相ピエール・トルドー、表敬参拝
			6・12	民主カンボジア総理大臣ソン・サンほか7名、表敬参拝
			11・10	米国大統領ロナルド・レーガン夫妻、表敬参拝
	59	1984	5・26	ブラジル大統領ジョアン・フィゲイレド、表敬参拝
	60	1985	5・17	エジプト・アラブ共和国サミイ・サーペット大使ほか、表敬参拝
			6・21	バングラデシュ人民共和国大統領フセイン・モハマッド・エルシャド夫妻、表敬参拝
	61	1986	5・4	イタリア共和国ベッティーノ・クラクシ首相夫妻、表敬参拝
	62	1987	9・15	アイスランド大統領ヴィグディス・フィンボガドゥティル、表敬参拝
平成	元	1989	2・23	ドイツ連邦共和国大統領リヒャルト・フォン・ヴァイツゼッカー、表敬参拝
			2・23	ギリシャ大統領フリストス・サルゼタキス夫妻、表敬参拝

年	月日	事項
	2・23	コロンビア大統領夫人カロリーナ・デ・バルコ、表敬参拝
	2・23	ボリビア共和国副大統領ガレト・アイヨン夫妻、表敬参拝
	2・23	ハンガリー人民共和国幹部会議長ブルノー・シュトラウブ、表敬参拝
	2・23	パプア・ニューギニア国総督キングフォード・ディベラ夫妻、表敬参拝
	2・24	**昭和天皇大喪の礼**
	2・25	ニジェール共和国首相ママン・ウマル、表敬参拝
	2・25	チュニジア共和国首相ヘディ・バクーシュ夫妻、表敬参拝
	2・26	アルゼンチン共和国副大統領ビクトル・マルチネス、表敬参拝
	2・26	タンザニア連合共和国首相ジョセフ・ワリオバ、表敬参拝
	11・9	**ベルリンの壁崩壊**
	11・19	スイス連邦大統領ジャン＝パスカル・ドラミュラ夫妻、表敬参拝
平成2 1990	3・24	英国エリザベス女王三男、エドワード王子殿下、表敬参拝
	9・23	英国アン王女殿下、表敬参拝
	11・10	コンゴ国外務協力大臣ヌディンガオバ夫妻、表敬参拝
	11・10	ミャンマー国法務長官ター・トゥン夫妻、表敬参拝
	11・11	スペイン王国フェリペ皇太子、表敬参拝
	11・11	キリバス国大統領イエレミア・タバイ夫妻、表敬参拝
	11・11	ポーランド国下院議長コザキエヴィチ夫妻、表敬参拝
	11・12	**即位礼正殿の儀**
	11・12	スワジランド国駐韓大使デイビット殿下、表敬参拝
	11・12	ルクセンブルク大公国大公ジャン夫妻、表敬参拝
	11・13	チュニジア共和国首相ハメッド・カルイ夫妻、表敬参拝

平成	西暦	月・日	事項
		11・13	コロンビア共和国副大統領兼外相ハラミージョ夫妻、表敬参拝
		11・14	チリ共和国外相シルバ・シマ、表敬参拝
		11・14	ドミニカ共和国大統領クレランス・シグノレット、表敬参拝
3	1991	3・17	スウェーデン王国首相イングヴァル・カールソン夫妻、表敬参拝
		6・23	ポーランド共和国首相ヤン・クシストフ・ビエレツキ夫妻、表敬参拝
4	1992	4・5	ノーベル化学賞受賞カナダ国ジョン・ポラニー夫妻、表敬参拝
5	1993	7・9	米国大統領ビル・クリントン、外苑軟式球場に来訪
6	1994	12・8	ポーランド共和国大統領レフ・ワレサ夫妻、表敬参拝
7	1995	5・18	米国ロックバンド、ボン・ジョヴィ、表敬参拝
		10・7	デンマーク王国ベネディクト王女殿下、表敬参拝
8	1996	9・6	チェコ共和国首相ヴァーツラフ・クラウス、表敬参拝
		10・8	スイス連邦大統領キトリーヌ・ドラミュラ、表敬参拝
		10・22	ベルギー王国パオラ王妃、表敬参拝
		11・7	ボリビア国大統領ゴンザロ・サンチェス・デ・ロザタ夫妻、表敬参拝
9	1997	7・1	バングラデシュ国首相シェイク・ハシナ、表敬参拝
		7・7	ペルー共和国大統領アルベルト・C・フジモリ、表敬参拝
		10・30	スペイン国首相ホセ・マリア・アスナール・ロペス夫妻、表敬参拝
		11・16	ブルガリア共和国大統領ペータル・ストヤノフ夫妻、表敬参拝
10	1998	2・19	ノルウェー王国ホーコン皇太子、表敬参拝
		7・14	スイス中央銀行総裁ハンス・マイヤー、表敬参拝
11	1999	3・28	ベトナム社会主義共和国首相ファン・ヴァン・カイ夫妻、表敬参拝
		4・6	ルクセンブルク大公国ジャン大公・同妃両殿下、表敬参拝

平成			
12	2000	2・15	ドミニカ共和国大統領レオネル・フェルナンデス、表敬参拝
		10・13	ベルギー王国アストリッド王女殿下、表敬参拝
13	2001	10・14	スウェーデン国ヴィクトリア王女殿下、表敬参拝
14	2002	2・18	アメリカ合衆国大統領ジョージ・W・ブッシュ、表敬参拝
		3・19	アメリカ合衆国駐日大使ハワード・ベーカー、表敬参拝
		9・17	パラオ国大統領トミー・E・レメンゲサウ・ジュニア、表敬参拝
15	2003	2・2	ベルギー王国ローラン王子殿下、表敬参拝
		4・1	ロシア連邦共和国前大統領ボリス・エリツィン夫妻、表敬参拝
		5・26	ノルウェー王国首相ヒエル・マグネ・ボンネヴィーク、表敬参拝
		10・9	マケドニア国大統領ボリス・トライコフスキー夫妻、表敬参拝
16	2004	2・22	国際連合事務総長コフィー・アナン、表敬参拝
		6・19	ニカラグア共和国大統領エンリケ・ボラーニョス、表敬参拝
		12・13	ブルガリア共和国首相シメオン・サクスコブルク、表敬参拝
17	2005	1・14	ポーランド共和国首相マレック・ベルカ夫妻、表敬参拝
		4・5	ドイツ連邦共和国大統領エーファ・ケーラー夫人、表敬参拝
		4・8	ダライ・ラマ法王、表敬参拝
		4・11	コロンビア共和国大統領アルバロ・ウリベ・ベレス、表敬参拝
		4・17	オランダ王国ウィレム・アレキサンダー皇太子、同妃両殿下、表敬参拝
		6・14	カザフスタン共和国首相アフメトフ・ダニアル・ケンジェタエヴィチ、表敬参拝
		10・13	ベリーズ国副首相ジョン・ブリセノー夫妻、表敬参拝
18	2006	7・26	ベルギー王国アリックス王女殿下、表敬参拝
		8・24	ヨルダン王国ハッサン王子、同妃両殿下、表敬参拝

元号	年	西暦	月日	事項
平成	19	2007	2・23	ルーマニア国首相カリン・ポペスク・タリチャーヌ、表敬参拝
			7・18	イスラエル国駐日大使エリ・コーヘン、表敬参拝
			9・26	メキシコ合衆国駐日大使ミゲル・ルイス・カバーニャス・イスキエルド夫妻、表敬参拝
	20	2008	3・4	クロアチア共和国大統領スティエパン・メシッチ、表敬参拝
			4・23	スロベニア共和国首相ヤネス・ヤンシャ、表敬参拝
			11・21	ポーランド共和国特命全権大使ヤドヴィガ・ロドヴィッチ、表敬参拝
	21	2009	1・25	ブルガリア共和国大統領ゲオルギ・パルヴァノフ、表敬参拝
			2・17	アメリカ合衆国国務長官ヒラリー・クリントン、表敬参拝
			3・25	ウクライナ共和国大統領ユリア・ティモシェンコ、表敬参拝
			5・23	シンガポール共和国顧問相（前大統領）リー・クワンユー、表敬参拝
			8・23	アメリカ合衆国駐日大使ジョン・ルース、表敬参拝
			9・16	イタリア共和国大統領ジョルジョ・ナポリターノ、表敬参拝
			9・30	オーストリア共和国大統領ハインツ・フィッシャー、表敬参拝
			10・31	ニュージーランド首相ジョン・キー、表敬参拝
			12・3	ハンガリー共和国大統領ショーラム・ラースロー、表敬参拝
	22	2010	2・16	エストニア共和国首相アンドルス・アンシプ、表敬参拝
			3・4	ラオス人民民主共和国国家主席チュンマリー・サイニャソーン、表敬参拝
			8・2	アフリカ連合委員長ジャン・ピン、表敬参拝
			9・30	ガーナ共和国大統領ジョン・エバンズ・アッタ・ミルズ、表敬参拝
	23	2011	11・4	デンマーク王国ヨアキム王子、同妃両殿下、表敬参拝
			11・17	ブータン王国ジグミ・ケサル・ナムギャル・ワンチュク国王、王妃両陛下、表敬参拝
	24	2012	6・11	ベルギー王国皇太子フィリップ・ド・ベルジック殿下、皇太子妃殿下、表敬参拝

年号	年	西暦	月日	事項
平成			6・27	スロヴァキア共和国大統領イヴァン・ガシュパロヴィッチ夫妻、表敬参拝
			10・4	リヒテンシュタイン公国アロイス殿下、表敬参拝
	25	2013	3・6	スロベニア共和国大統領ボルト・パホル、表敬参拝
			3・7	オランダ王国特命全権大使ファン・フォレンホーヴェン、表敬参拝
			4・24	バーレーン王国特命全権大使ハリール・ビン・イブラヒム・ハッサン、表敬参拝
			5・14	タイ王国皇太子妃シーラット殿下、ティーバンコーンラッサミーチョート親王殿下、表敬参拝
			12・1	アイルランド共和国首相エンダ・ケニー、表敬参拝
	26	2014	3・19	イスラエル国駐日大使ルツ・カハノフ、表敬参拝
			4・24	アメリカ合衆国大統領バラク・オバマ、表敬参拝
			6・11	ブータン王国首相ツェリン・トブゲー夫妻、表敬参拝
			10・8	ルクセンブルク大公国ギョーム・ド・ナッソー皇太子殿下、同妃殿下、表敬参拝
	27	2015	2・26	ポーランド共和国大統領ブロニスワフ・コモロフスキ、表敬参拝
			5・11	ベルギー王国首相シャルル・ミシェル、表敬参拝
			10・14	英国ロンドン市長ボリス・ジョンソン、表敬参拝
	28	2016	3・10	フィンランド共和国イェンニ・ハウキオ大統領夫人、表敬参拝
			5・19	ブータン王国前王妃アシ・ツェリン・ヤンドン・ワンチュク殿下、王妹殿下、表敬参拝
			5・24	カナダ国首相ジャスティン・トルドー夫妻、表敬参拝
			10・11	ベルギー王国フランダース政府首相ゲールト・ブルジョワ、表敬参拝
			11・24	レソト王国レツィエⅢ国王、王妃両陛下、表敬参拝
	29	2017	5・20	アルゼンチン共和国大統領マウリシオ・マクリ、表敬参拝
	30	2018	2・25	チリ共和国大統領ベロニカ・ミチェル・バチェレ・ヘリア、表敬参拝

元号	年	西暦	月・日	事項
平成	31	2019	4・14	スイス連邦大統領アラン・ベルセ、表敬参拝
			6・22	米国駐日大使ウィリアム・F・ハガティ、表敬参拝
			3・25	ノーベル平和賞受賞者マララ・ユスフザイ、表敬参拝
令和	元	2019	10・21	スイス連邦参事兼国防・市民防衛・スポーツ大臣ヴィオラ・アムヘルト、表敬参拝
			10・21	ウクライナ国大統領ヴォロディーミル・ゼレンスキー、表敬参拝
			10・21	インド国大統領ラーム・ナート・コヴィンド、表敬参拝
			10・22	**即位礼正殿の儀**
			10・22	イタリア共和国上院議長マリア・エリザベッタ・アルベルティ・カゼッラーティ、表敬参拝
			10・23	アンドラ公国外務大臣マリア・ウバク・フォン、表敬参拝
			10・23	ジョージア国大統領サロメ・ズラビシヴィリ、表敬参拝
			10・23	パプア・ニューギニア独立国総督ボブ・ダダエ、表敬参拝
			10・25	メキシコ合衆国内務大臣オルガ・サンチェス・コルデロ夫妻、表敬参拝
			12・17	米国国府田ファーム社長・国府田ロス、米国加州産清酒UKA奉納奉告正式参拝
	2	2020	1・21	ポーランド共和国首相マテウシュ・モラヴィエツキ、表敬参拝
			11・1	**明治神宮鎮座百年祭**

※明治神宮百年誌編纂準備室編集『明治神宮史年表 大正・昭和・平成 1920〜2017』（明治神宮、二〇一八年）ほか、明治神宮所蔵資料をもとに作成。

【著者】
今泉宜子（いまいずみ よしこ）
1970年岩手県生まれ。明治神宮国際神道文化研究所主任研究員。東京大学教養学部比較日本文化論学科卒業後、雑誌編集者を経て、國學院大學で神道学を専攻。2000年より明治神宮に奉職。07年、ロンドン大学 SOAS において明治神宮に関する学位論文で博士号（学術）を取得。著書に『明治神宮　戦後復興の軌跡』（鹿島出版会）、『明治神宮　「伝統」を創った大プロジェクト』（新潮選書）、『明治日本のナイチンゲールたち　世界を救い続ける赤十字「昭憲皇太后基金」の100年』（扶桑社）などがある。

平凡社新書986

明治神宮 内と外から見た百年
鎮守の森を訪れた外国人たち

発行日——2021年9月15日　初版第1刷

著者——今泉宜子
発行者——下中美都
発行所——株式会社平凡社
東京都千代田区神田神保町3-29　〒101-0051
電話　東京（03）3230-6580［編集］
　　　東京（03）3230-6573［営業］
振替　00180-0-29639
印刷・製本—株式会社東京印書館
装幀——菊地信義

ISBN978-4-582-85986-7
NDC 分類番号175.9361　新書判（17.2cm）　総ページ336
平凡社ホームページ　https://www.heibonsha.co.jp/